¿Dónde están mis zapatos?

El camino de mi padre a través del Alzheimer

BRENDA AVADIAN, M. A.

Ediciones Témpora, S. A.

Título original: «Where's my shoes?»

Traducción: Cálamo&Cran

Revisión: Julià de Jòdar

Diseño y maquetación: M. T., S. L.

Diseño de cubierta: M. T., S. L.

Foto de cubierta: Brenda Avadian. Modelo: Lew Jurey

Foto de solapa: David J. Borden

© 1999 Brenda Avadian

NORTH STAR BOOKS

Lancaster, USA

Para la edición española en todo el mundo:

© Ediciones Témpora, S. A.

Paseo de la Castellana, 203

28046 Madrid

ISBN: 84-95906-07-4

Depósito legal: S. 883-202

Imprime: Gráficas Varona, S. A., Salamanca

Dedicado a mi padre,
Martin Avadian,
que me enseñó el valor de la perseverancia
y con quien comparto cumpleaños.
Y a todos los cuidadores.

¿Dónde están mis zapatos? se escribió para ampliar las perspectivas de los cuidadores, su comprensión sobre las distintas opciones, y para reducir la sensación de soledad que puede abrumarles.

Según la Asociación de Alzheimer, en España cerca de 450.000 personas sufren Alzheimer. Esta enfermedad afecta al diez por ciento de los mayores de sesenta y cinco años y al cincuenta por ciento de los mayores de ochenta y cinco.

Prólogo

Desde que hace veinte años el Alzheimer saltara a primera plana, se han publicado y multiplicado hasta la saciedad libros de consumo masivo dirigidos a quienes cuidan de enfermos de Alzheimer.

La autora nos ofrece una visión significativa sobre su dinámica familiar y sus retos personales para afrontar el deterioro de la salud de su padre, mientras mantiene la dignidad de éste y el propio sentido de sí misma.

Los zapatos se convierten, por un lado, en una metáfora y en la referencia central de la expresión de la pérdida de independencia y autonomía; por otro, en el intento de controlar un comportamiento inaceptable. Esta batalla adquiere proporciones tan dramáticas, que genera una fuente inusitada de alivio cómico cuando la familia termina escondiendo los zapatos de todos, y el viejo zorro engaña temporalmente a los perros de caza.

Este libro cuenta, con mucha ternura, algo más que lo que una familia hace frente a la enfermedad de Alzheimer, y también ofrece información valiosa para quienes estén atravesando por este terrible recorrido. Brenda Avadian logra pintar el cuadro de una persona que reflexiona sobre la vida de su padre, un inmigrante que, mediante la honestidad y el trabajo férreo, convirtió en realidad su sueño para él y para su familia.

Este libro capta y comparte los esfuerzos silenciosos, rebajados y generalmente infravalorados de este hombre, y sirve como tributo de amor hacia él. Casi al final del libro ocurre un hecho emocional y paradójico, cuando se le da la oportunidad de que los empañados *ojos* de su conocimiento lean y saboreen extractos del manuscrito antes de su publicación.

Este libro debería ser de gran interés para las familias que conviven y luchan con esta enfermedad, y para quienes buscan un significado a través de la vida de esos antecesores, padres y madres, que les ayudaron a abrirse camino.

Dr. ROLAND JACOBS
Diplomado, Consejo Americano de Psiquiatría y Neurología
especialización en Psiquiatría Geriátrica

Prefacio

Este libro ha sido inspirado por mi padre, a quien se le diagnosticó una demencia de tipo Alzheimer. Al convertirme en su cuidadora, empecé un recorrido que tendría un efecto trascendental sobre mi vida. Se dice que si aprendemos de las experiencias de la vida, creceremos. Yo no estaba preparada para lo mucho que iba a crecer.

A medida que los días se convertían en semanas y las semanas en meses, dejé a un lado mi vida y mi carrera para encargarme del cuidado de mi padre. Forjé relaciones imperecederas y vínculos con personas que también cuidaban de seres queridos con Alzheimer. Estas relaciones formaron el tejido de mi vida y redujeron mis sentimientos de aislamiento y soledad.

A medida que la enfermedad se apoderaba de mi padre, yo sufría una pena inmensa y aprendía cosas nuevas. Para hallar el sentido de los altibajos, de las incertidumbres y de lo inexplicable, llevaba un diario personal: ese diario contiene mi alegría y mi agonía.

Animada por cuidadores y profesionales, reservé tiempo para escribir este libro, como un tributo a mi padre mientras aún está vivo y como una fuente de motivación para todo lector.

Al compartir mis experiencias más sentidas con usted, espero que se sienta unido a la gente que encuentra y encontrará en el camino del Alzheimer de su ser querido. También confío en que, al leer estas páginas, obtenga algún aprendizaje, y se consuele al saber que no está solo.

Aunque no nos conozcamos personalmente, y quizás nunca tengamos la suerte de conocernos, estamos unidos por nuestra experiencia común.

Deseo devolver algo a las personas que cuidaron de mi padre, y ayudar a otros. Por tanto, estoy donando las ganancias de la venta de este libro en Estados Unidos a personas, grupos y organizaciones que apoyan a quienes sufren de Alzheimer y a sus familias.

Advertencias legales

Este libro fue escrito para ayudar a que los cuidadores logren una mayor comprensión sobre la atención hacia alguien. Se vende entendiendo que ni el editor ni el autor están obligados a rendir cuentas legales ni otro tipo de consejos profesionales. Si se necesitase asistencia legal u otra especializada, el lector deberá buscar los servicios de un profesional competente.

No es el objetivo de este libro aportar toda la información disponible sobre el Alzheimer, sino ofrecer al lector una información lo más adecuada posible sobre los detalles que rodean a una familia que pasa por la experiencia del Alzheimer.

Los nombres de personas incluidos en el libro cuentan con autorización. Dado que este libro se escribió y publicó para ayudar a otros cuidadores, se incluyen en él situaciones tanto positivas como negativas; en el caso de estas últimas, no se pidieron autorizaciones ni se incluyó el nombre de los interesados. No es la intención de este libro dañar reputaciones, sino presentar un relato realista de los acontecimientos narrados.

Ni la autora ni los editores asumen ninguna obligación ni responsabilidad hacia ninguna persona y/o entidad con respecto a cualquier daño o perjuicio causado, o que se alegue como causa, directa o indirecta, por la información contenida en este libro.

Martin Avadian a los dieciocho años. Chicago.

PRIMERA PARTE

En el principio

Mi padre ha vivido durante el periodo más dinámico de la historia. Vivió dos guerras mundiales, la Guerra de Corea, la de Vietnam y la Tormenta del Desierto. Aunque es tremendamente patriota, era demasiado joven para alistarse durante la Primera guerra mundial y demasiado mayor para hacerlo en la Segunda. Ha sido testigo de profundos cambios tecnológicos durante sus 88 años en esta Tierra, desde el Espíritu de San Luis[1] hasta el paseo de Neil Armstrong sobre la Luna; desde las cartas escritas a mano enviadas con sellos de dos centavos, al virtualmente gratuito correo electrónico, que llega atravesando el mundo en segundos.

Nacido en 1910 en Van, Armenia, Martin Avadian tenía ocho años cuando su padre fue declarado desaparecido durante el genocidio armenio. Dos años más tarde, él y su madre embarcaron hacia Estados Unidos, para instalarse en Chicago con la hermana de su madre: poco después, ésta se volvería a casar.

Martin fue un estudiante aplicado que trataba de aprender de todo. Deseaba proseguir sus estudios, pero el dinero era escaso y él no quería vivir a cuenta de su padrastro, por lo que empezó a independizarse realizando trabajos variopintos, haciendo cuanto un adolescente podía hacer para ganar dinero.

Martin era un trabajador infatigable. Después de años de trabajar por salarios de miseria, fue contratado como maquinista en la General Electric.

---

[1] Nombre del aeroplano con el que Lindbergh cruzó en Atlántico por primera vez, en 1927, sin repostar (n. del t.).

Ahorraba dinero con avidez. Su estrategia inversionista era conservadora pero consistente. Durante los años cincuenta, ganaba más de 100 dólares por semana y retiraba diez de cada cheque para comprar Bonos de Ahorro de Estados Unidos. También acumuló acciones de la General Electric durante años. Con el incremento de la Bolsa, sus acciones se revalorizaron en más de 100.000 dólares en menos de un año. Sus abogados y su contable se preguntaban: «¿Cómo pudo un maquinista acumular tanto?».

Tras una prolongada soltería, se casó a los treinta y nueve años, formó una familia y compró una casa (con un préstamo de 3.000 dólares de su madre que devolvió en sólo dos semanas).

Mi padre era un hombre discreto. Cuando yo era pequeña, me gustaba mirar la foto de su graduación escolar que, en un marco de madera gris, se mantenía intocable sobre la repisa de la chimenea. Imaginaba qué clase de persona habría sido treinta años antes de que yo viniera al mundo. Mirando en sus archivos encontré fotos de un atractivo caballero, de 1,70 m. y unos 66 kilos, que se enorgullecía de la elegancia de su ropa y de la pulcritud de su aspecto. En los años que siguieron, el pasar de casi medio siglo se llevaría gran parte de su oído y encogería su cuerpo a escasos 1,55 m. y 54 kilos de peso.

Uno
Así empezó todo

Mi marido y yo nos fuimos a vivir a California en 1989, a unos 2.900 kilómetros de nuestro hogar en Wisconsin; como mis padres seguían viviendo en Wisconsin, tomábamos un avión cada año para visitarles. Nuestras visitas anuales nos permitían revivir los años de nuestra juventud, cuando nosotros, los del Medio Oeste, teníamos grandes planes para alcanzar sueños portentosos. Estos viajes nos daban a los californianos (si bien neófitos californianos) la oportunidad de volver a casa para ver a nuestros familiares y amigos.

A medida que las circunstancias cambiaban, empezamos a visitar Wisconsin con más frecuencia —más o menos cada seis meses.

Mi madre tenía una dilatación de corazón. Era tan débil que no podía bombear sangre suficiente para evitar que sus pulmones se encharcaran. Frecuentemente, mi hermano y mi hermana tenían que llevarla de urgencia al hospital. Mamá luchaba por respirar mientras ellos conducían a gran velocidad en medio del tráfico, saltándose los semáforos para llegar al hospital antes de que ella diera su último suspiro (mi madre detestaba el ruido y la conmoción de las ambulancias así que mi hermana, que vivía a cinco manzanas de su casa, y mi hermano, que vivía con mis padres, se convirtieron en su transporte de emergencia). Como Mamá había estado cerca de la muerte tantas veces, cuando mi marido y yo volvíamos a pasar tiempo con ella pensábamos: «Será la última vez que la veamos con vida».

Mi madre siempre ejerció una fuerte influencia sobre nosotros. La describían bien otras personas que señalaban su sorprendente parecido con la Madre Teresa. Su apariencia diminuta y frágil, contrastaba con su fuerza de voluntad. Ella ercarnaba los ideales del trabajo arduo y la perseverancia.

Después de luchar valientemente por su vida durante más de diez años, murió en Milwaukee el 1 de abril de 1993.

Mi padre me llamó para darme la noticia. ¡No lo podía creer! Ella nos había dejado, precisamente, ¡el día de los Inocentes[2]! La conversación con mi padre fue más o menos así:

«Brenda, ¿cómo estás? Espero no interrumpirte. Te llamo para comunicarte que Mamá ha muerto».

En primer lugar, mi padre nunca me llamaba —demasiado caras las conferencias—, de modo que yo lo llamaba cada mes. Segundo, ¿estaría bromeando? Qué raro, mi padre llamándome el día de los Inocentes. Decidí que no sería víctima de su broma.

Exclamé: «¡Debes estar bromeando!».

«No», fue su grave y sombría respuesta.

«Vamos, es el día de los Inocentes. ¿Es que quieres tomarme el pelo?».

Mi padre respondió: «Yo tampoco podía creerlo cuando me llamó la enfermera, ¡una hora después de haberse ido!».

Yo seguía de cerca la evolución de mi madre, llamándola a casa y al hospital cuando estaba en cuidados intensivos. Las enfermeras sostenían el teléfono junto a su oreja mientras hablábamos. De modo que me quedé bastante sorprendida

---

[2] El día de los Inocentes en EE. UU. se celebra en abril *(April Fool's Day)* (n. del t.).

cuando una vez llamé a la Unidad de Cuidados Intensivos y la enfermera me indicó que Mamá había sido dada de alta hacía dos semanas. Pregunté si la habrían trasladado a otra zona del hospital, y ella me dijo: «No». La enfermera me explicó que el médico había dicho que ya no había nada que hacer por Mamá. Mi primera idea fue que ella habría muerto, y nadie me lo había comunicado. Luego me enteré de que la habían internado en una residencia especializada.

Mi padre continuó: «A decir verdad, yo pensé que la enfermera estaba bromeando, ¡y se lo pregunté! Pero ella me aseguró que cuando volvió a la habitación de Mamá, ella ya había expirado».

«¡Caramba!», fue mi respuesta. *¡Qué tonta!* «Mardig, ¿cómo estás tú?».

«Bueno, dentro de las circunstancias, estoy bien. Sólo un poco sorprendido». *Mi padre, el diplomático, el caballeroso, maestro en el control de sus emociones.*

«Bueno, entonces iré para allá. ¿Necesitas algo?», pregunté.

«Oh no, no vengas. Estás trabajando. No pierdas tiempo de tu trabajo».

Mi padre trabajó en General Electric durante treinta y dos años sin faltar ni un solo día. Recibió un reconocimiento especial por este extraño logro.

«Mardig (llamábamos a mi padre por su primer nombre, Martin, que difusamente traducido al armenio es Mardig), iré para allá. Ésta no es una decisión que tú tengas que tomar. Te ayudaré con lo de Mamá. Además, nuestra familia debe estar reunida en estas circunstancias».

«No, eso no es necesario. Ya me he encargado de todo».

«¿Ah, sí? ¿Qué has hecho?».

Dimos vueltas y vueltas discutiendo, hasta que finalmente aceptó que yo volviera para ayudarlo y pasara un tiempo con él. Y resulta que no había hecho todas las diligencias.

Uno o dos días después, David, mi marido, tomó un avión y se reunió conmigo. Ambos ayudamos a Mardig con los trámites. Intentamos hacer de aquello un acontecimiento familiar, tratando de implicar a mis hermanos; en vano. De modo que dependía de Mardig, de David y de mí hacer lo mejor que pudiéramos por mi madre, incluyendo su deseo de ser incinerada. Aunque Mardig ya había comprado un nicho para ellos dos, quería tener las cenizas de su esposa en casa un tiempo.

David y yo habíamos pensado que sería una buena idea reunir a la familia en una ceremonia en la que enterraríamos parte de las cenizas de mi madre bajo los dos árboles que ella había plantado y cuidado con cariño antes de morir. No podría ser. No habría funeral, ni reunión familiar, nada. Tampoco mis hermanos aparecieron en todo el tiempo que David y yo estuvimos allí. Mi padre estaba disgustado, pero no quería hablar sobre ello.

No nos desanimamos. David y yo pasamos bastante tiempo con Mardig y le escuchamos contar historias sobre su vida y sobre los lugares que le gustaría visitar. Contando con su aceptación condicionada, incluso planeamos un viaje por diversos países para octubre. Visitaríamos Armenia (el lugar de origen de Mardig), Moscú (todos nosotros queríamos ver esa ciudad) y Alemania (para disfrutar de la cerveza durante su Oktoberfest). Aunque Mardig no bebía alcohol, tenía una antigua fascinación por Alemania. ¡A David y a mí nos encanta la buena cerveza!

A medida que se acercaba el momento de partir, se hacía más claro que Mardig no estaría preparado para realizar el viaje. No había nada realmente grave que le impidiera hacerlo. A decir verdad, estaba más saludable y en mejor forma que yo, su hija, con 49 años. No, había algo mucho más lamentable. Eran todas las excusas que puso; excusas que todos ponemos.

«Ah, es que tengo mucho que hacer. Tengo que pagar las facturas de Mamá. Todavía siguen llegando, tú lo sabes. Tengo que organizar la casa. Por todos lados hay papeles que arreglar. Todavía tengo que pagar impuestos. El sótano está hecho un desastre. Tengo herramientas desparramadas por todo el suelo. Me preocupa bajar allí, habrá mucho trabajo por hacer. Cuando la casa esté organizada y yo tenga las cosas arregladas, entonces iremos. ¿Qué prisa hay? ¡Voy a vivir mucho tiempo!» (iba a cumplir ochenta y tres ese año).

Lo sabíamos bien. Sabíamos que él no terminaría nunca con esas cosas. Si lo agobiaban hasta ese punto, ¿qué podía cambiar? En su lugar, contratamos un vuelo privado para él.

Nunca había subido en avión y decidimos que ya era hora. Él siempre estuvo abierto a nuevas experiencias, y ésta sería, ciertamente, una experiencia de la que disfrutaría. El hermano de David, John, que es piloto, nos hizo volar por encima de la casa de Mardig y de otros lugares reconocibles: las tres cúpulas (jardines de horticultura), el estadio de Brewer y la Basílica de San Josafat. Mi padre disfrutó de todo el recorrido y volvió sintiéndose muy especial porque «hubiéramos organizado todo ese lío» por él.

Con respecto al viaje por la Europa del Este, sabíamos que si éramos optimistas y seguíamos tratando de convencer a Mardig, disfrutaría, y quizás conseguiríamos que hiciera el viaje. Pasaron largos meses y no fue así. Sus excusas fluían cada vez más frecuentes.

Empecé a pensar mucho sobre lo condicionado de nuestras vidas. Condicionamos nuestras propias personas y nuestras relaciones con los demás. «*Si* tú haces esto, *entonces* yo...». También establecemos condiciones para hacer cosas *por* nosotros mismos, como ir a cenar a un restaurante agradable, viajar a un lugar especial, pasar el tiempo haciendo lo que realmente nos apetece hacer, etc. «*Si* ganara un millón de dólares, *entonces* tendría tiempo para...».

He aprendido que nadie tiene garantizado su futuro. Si necesitamos hacer algo, deberíamos hacerlo ya. Otras cosas pueden esperar: las herramientas en el sótano, el arreglo de la casa, las pilas de papeles, y, sí, ¡incluso los impuestos! Aun así, tuvimos que hacernos cargo de los impuestos de Mardig de 1993 en 1997.

David y yo intentamos cambiar de estrategia. Invitamos a Mardig a visitarnos en California. Durante tres años tratamos de convencerlo para que nos visitara. Una vez al mes lo llamábamos para ayudarlo a vislumbrar lo divertido que sería. Tengo un Miata descapotable y me imaginaba *cruzando* las autopistas de California con mi padre.

Le conté a mi hermana lo mucho que me gustaría comprarle a Mardig ropa nueva. Ciertamente yo podía *comprarla,* ¡pero él no iba a *usarla!* Su ropa tendría por lo menos veinte años, ¡y muchas prendas tendrían cuarenta! Sólo pensaba en lo *guapo* que estaría con un par de pantalones Dockers y con una camisa de marca de algodón fresco. *¡Sí, lo vestiría como a un modelito!* Él vendría con nosotros y así padre e hija podrían reunirse tras tantos años distanciados.

Las cosas cambiaron con la muerte de mi madre. Visitábamos a mi padre y percibíamos que él ya no cuidaba de sí mismo. Descuidaba su limpieza y su alimentación (mi hermano aún vivía con él, pero parecía indiferente hacia la situación de Mardig).

A lo largo de su vida, Mardig no se preocupó por la comida nutritiva. Si alguien la preparaba, se la comía; pero nunca se esmeraba mucho al preparar los alimentos para sí. Prefería la comida rápida. Si salías a comer fuera y lo llevabas a un restaurante para gourmets, te decepcionabas con su elección. Un perrito caliente o un bocadillo de mortadela eran suficientes.

En contraste, Mardig siempre había cuidado mucho de su aspecto, al menos cuando trabajaba. Gracias a mi madre, su ropa siempre estaba limpia y bien planchada. Se duchaba a diario, y en ocasiones dos veces al día. Siempre se afeitaba con *sumo* cuidado. No tenía ni sombra de barba por su atención al menor detalle. Y se cepillaba los dientes durante muchísimo tiempo, mucho más de los dos minutos que recomendaba la higiene del dentista.

Pasaban los meses y nos percatábamos de que Mardig estaba cada vez más desorientado. David, que estaba esa época en Wisconsin, dedicaba tiempo a cuidar de mi padre. Me envió el siguiente correo electrónico en octubre de 1995:

Querida Brenda:

Estoy en el trabajo y estoy pensando en tu padre. Realmente creo que dentro de poco llegará a un estado en el que no podrá cuidar más de sí mismo. No creo que tus hermanos se den cuenta de esto. Mardig no habla mucho con ellos, y ellos no conocen realmente el día a día de su existencia.

Mientras más lo pienso, más seguro estoy de que tu padre ha perdido unos 600 dólares esta semana, o podrían fácilmente haberle robado sin que se diera cuenta. Me preocupa que algo pueda ocurrir con la llegada del invierno; podría ocasionar un incendio en el sótano al usar la estufa. *Ya está apilando leña abajo en el sótano. Realmente no sé por qué.*

Necesita que alguien pase cada vez más tiempo con él. Sé que si algo terrible le pasara como resultado de sus propias acciones, tus hermanos se preguntarían cómo pudo haber hecho algo tan estúpido. Me parece que ellos en realidad no hablan con él lo suficiente, ni tienen paciencia simplemente para escuchar lo que dice. Si tan sólo le dejaran pensar en voz alta sin dominar la conversación, se darían cuenta de que está discapacitado.

No sé qué hacer con esta situación. Siento como si estuviera en el medio. Si hago algo y trato de ayudar a tu padre, tus hermanos pueden tomarlo en un sentido negativo puesto que ellos realmente no ven nada grave en él. Ellos no tienen ni la paciencia ni el tiempo para tener una conversación normal con él. No es sólo su oído, es también su cerebro.

Siento que necesita de alguien que lo cuide, y yo no puedo hacer más. He estado pensando en él todo el sábado, el domingo y hoy. Esto es más grave de lo que tus hermanos creen. Puede terminar matándose o matando a alguien. No debería conducir más.

A veces está realmente confundido y, cualquier día puede olvidar dónde vive.

Lo siento, pero necesitaba desahogarme.
Te quiere, David.

Mi padre empezó a tener alucinaciones. Veía a mi madre. Habló de que mi hermano había traído un acompañante a casa. Mardig no sabía el nombre de esa persona, tan sólo que *se parecía* a mi hermano y que lo había ayudado a sacar cosas de la casa, donde había pasado una noche cuando mi hermano estuvo fuera de la ciudad a causa del trabajo. Él alucinaba con esas imágenes de forma vívida.

Durante una de nuestras visitas a su casa, Mardig nos contó, a David y a mí, que una niña pequeña y sus amigas habían estado en el salón donde estaba sentado. Le preguntamos dónde estaban ahora. Dijo que no lo sabía. Presumía que se habrían ido a otra parte de la casa cuando oyeron el timbre de la puerta (la niña realmente existía. Vivía con su madre al otro lado de la calle que estaba detrás de la casa de mi padre). Mardig recordaba los detalles con tal claridad que David y yo recorrimos toda la casa (sótano, primer y segundo piso, y al final el altillo) antes de convencernos de que allí no había nadie.

A medida que su desorientación aumentaba, Mardig dejó de hacer muchas cosas que otras personas dan por supuestas. Ya no se duchaba ni lavaba su ropa. En una visita en marzo de 1996, apenas pude soportar su olor. Intenté por todos los medios convencerlo para que lavara su ropa. Me respondió con una pregunta: «¿Por qué, cuando estoy trabajando en las cosas de la casa, sólo consigo ensuciarme?». Su respuesta, cuando le pregunté por la ducha fue: «Hace frío afuera. ¡No quiero darme una ducha y congelarme!». Éste era su sentido especial del humor cuando se sentía incómodo con algo. En lugar de decir «No», decía algo gracioso.

Dos

Opciones

Decidí que pasaría dos semanas con mi padre durante el verano de 1997. El verano es la única época del año en la que disfruto de Milwaukee pues no hace demasiado frío. Llamé a Mardig y le pregunté si podía visitarlo. Aunque él no viajaba ni salía mucho de casa, no quería dar por sentado que estaría disponible.

En mayo, le sugerí que vendría en julio. Me desalentó diciéndome que no perdiera mi tiempo con él, un viejo. Me animó a que me dedicara a mis propios asuntos y a que fuera una persona de éxito. Dijo que si actuaba así, le haría sentir orgulloso. No quería que me preocupara por él pues lo consideraba una pérdida de tiempo. *Ésta era una posición bastante común entre gente de su generación. Los hijos deben dedicarse a su propio trabajo y tener éxito. No deben preocuparse por sus padres. El futuro de los hijos es lo importante.*

En cierto modo tenía razón. Yo tenía un contrato para realizar una consultoría que podía alargarse hasta julio.

Lo llamé en junio y le propuse que lo visitaría en agosto, para celebrar nuestros cumpleaños. Los dos habíamos nacido el 22 de agosto. Tras organizar todos los detalles, pasaría

con él dos semanas entre finales de agosto y principios de septiembre.

Antes de tomar el vuelo para visitar a Mardig, David y yo
habíamos discutido bastante sobre qué podíamos hacer con él.
Consideramos varias opciones. Consultamos con los padres de
David. También lo hablamos con nuestros amigos íntimos, Sally y
Ken, que se habían hecho cargo del padre de Sally (quien tenía
poco más de ochenta años y estaba viviendo con ellos); con Lew,
que estaba a punto de retirarse y mudarse a Mississippi con su esposa, Jo, para disfrutar de una finca de 12 hectáreas que acababan
de comprarse; y con Dave, que se había hecho mundialmente conocido por ser la primera persona en volar en el prototipo Raptor
F-22, y con su esposa, Jan, oriunda de Wisconsin. Los padres de
David y nuestros amigos eran quienes mejor nos conocían.

Yo estaba a punto de volver a Wisconsin. Y había que tomar
una decisión. *¿Qué podíamos hacer con Mardig?*

Al principio, consideramos seriamente la posibilidad de que
Sally se encargara de cuidar de mi padre. Ella era muy dulce y
atenta con su propio padre, Pete, en los últimos años de su vida.
Aunque la carga era grande, ella y Ken lograban darle a Pete un espacio agradable para vivir. Sally tiene una gran sensibilidad hacia
la gente mayor. Valoramos los detalles: Sally tendría que dejar su
trabajo para asumir esto, habría que pagarle, y ¿qué pasaría si, por
ejemplo, ella renunciaba a su trabajo estable y lleno de beneficios
para hacerse cargo de Mardig y él moría al cabo de dos meses?
¿Qué pasaría con sus ingresos? ¿Qué pasaría si ella y Ken querían

viajar? Mardig requería de muchas atenciones y cuidados. *¡Pronto descubriríamos hasta qué punto!*

Decidimos que aquella no era una opción razonable dados los planes de Sally y Ken.

Después de hablar con familiares, amigos y luego con asistentes sociales, empleados de salud de la comunidad y administradores de residencias, teníamos cuatro opciones:

1. No hacer nada. Volver cada cierto tiempo a Milwaukee y disfrutar del tiempo con Mardig sabiendo que probablemente sería la última vez que lo veríamos con vida. Los inviernos en Milwaukee podían ser inclementes. Si Mardig se desorientaba, fácilmente se podía perder algún día de invierno y morir, literalmente, de congelación. Así que la opción era pasar buenos momentos con él, crear recuerdos y luego volverle la espalda. *Dejar que mis hermanos se preocuparan de él. Mi hermano ¡VIVE CON ÉL! Mi hermana vive a cinco manzanas de su casa. ¿Por qué debería preocuparme yo que vivo a más de 2.900 kilómetros? Además, soy la menor ¡y fui la primera en irse de casa de modo permanente!*

2. Convencer a Mardig para que se trasladara a una residencia cerca de su casa. Esto lo mantendría en un medio familiar. O trasladarlo a una residencia en California. Hacía años, mis padres visitaban California con frecuencia y soñaban con vivir allí.

3. Persuadir a Mardig para que viviera con nosotros. *Todos nosotros estábamos de acuerdo en que definitivamente ¡ésta no era una opción razonable!* David y yo no teníamos hijos. Llevábamos vidas muy activas y estábamos inmersos en numerosas actividades profesionales.

Nuestra visión de la familia era conservadora. Alguno de los dos tendría que quedarse en casa para criar a los niños porque no podíamos imaginar que otra persona criara a nuestros hijos. Y en los diecinueve años que hemos vivido juntos, no hubo ningún niño que alterara el rumbo de nuestras vidas.

4. Dejar que el Estado se hiciera cargo de Mardig. Si él hiciera algo que ocasionara un serio peligro para sí o para los demás, por ejemplo, si dejara una vieja estufa encendida y provocara un incendio, se evaluaría su caso y sería ingresado en una residencia. *¡Qué tragedia! Nosotros que habíamos rescatado incluso a tres gatos abandonados y los habíamos llevado a vivir a nuestra casa. ¡Y este hombre era MI PADRE!*

Decidimos entre tres opciones por orden de prioridad. Primero, veríamos si él estaba de acuerdo en trasladarse a una residencia. Si esta opción no funcionaba, simplemente pasaríamos buenos momentos con él y luego regresaríamos a casa. Finalmente, a medida que su salud decayera, el Estado entraría en acción. Lo analizamos asumiendo que mis hermanos tenían poco interés por él o por sus asuntos. No respondieron a nuestras llamadas ni recibimos su apoyo ni ofrecieron su ayuda cuando hablamos con ellos.

Tres
¿Mi última visita?

Este capítulo y el siguiente ofrecen una descripción detallada de cómo David y yo tomamos nuestra decisión —una de las decisiones más difíciles de nuestras vidas—. Una vez decidido, teníamos que llevar a cabo nuestro plan rápidamente. Hasta ese momento, no habíamos sido conscientes de que dos personas pueden experimentar innumerables emociones, tan intensamente, en un periodo de tiempo tan breve. No dormíamos. Moviéndonos y dando vueltas durante las horas previas al alba, analizábamos la «rectitud» de nuestra decisión.

En menos de catorce días nuestras vidas cambiarían dramáticamente. Nos dijeron que lo que habíamos conseguido en dos semanas normalmente llevaba meses, ¡o un año! No sabíamos si lo decían para hacernos sentir mejor o si era realmente cierto. Pero nos dio confianza para llevar adelante nuestro plan.

En agosto, cuando volví a ver a mi padre, todavía no se había duchado ni cambiado de ropa. Me resultaba difícil estar junto a él pues su olor era bastante desagradable. *¿Qué tenía que hacer?*

Durante los meses anteriores, cuando hablaba con Mardig, además de sus alucinaciones y de su insistencia en que no quería ser un problema para mí *(es un hombre tan modesto)*, me contó que «la gente del gas y la electricidad» lo estaban molestando y se quejaba de que fueran «a por él». Más tarde me enteré de que no había pagado sus facturas. Después descubrimos que había dejado caducar el seguro de su casa.

Mardig también estaba desorientado con el tiempo. El pasado, el presente y el futuro parecían coexistir de forma simultánea. Su madre vivía y él era el niño que vivía con ella. Yo era una pequeña cría por la que se preocupaba. ¡Podía cubrir un lapso de cuarenta años de una sola vez!

Yo hacía frecuentes llamadas para hablar con el Departamento Geriátrico, con los servicios sociales de Milwaukee y con los empleados de sanidad. Necesitaba muchos consejos. No sabía nada. *¿Quién sabe qué hacer en una situación como ésta?*

«¿Cómo debo responder cuando Mardig alucina?».

«De forma afable, explícale la realidad. Sé paciente. Sé un apoyo», me recomendaban.

«¿Qué podía esperar de él?». Compartía mis ideas con ellos y les pedía consejos para el cuidado de mi padre. A medida que se acercaba mi llegada a Milwaukee, conseguí una cita con estas instituciones para analizar nuestras cuatro opciones. *¡Ellas me darían el consejo preciso que cambiaría mi vida!*

Sabiendo que volvía a Milwaukee con el peso de esas opciones, Sally me prestó un libro titulado *¿Cómo me convertí en el padre de mi padre?*, de Harriet Sarnoff Schiff. Lo leí con voracidad. Necesitaba toda la información que pudiera conseguir. Estaría en Milwaukee por sólo dos semanas. Si podía colocar a Mardig en una residencia en ese plazo, él podría tener una posibilidad para sobrevivir.

Llamé a mi hermana y discutimos las cuatro opciones. Sorprendentemente, ella me dijo que apoyaría mi decisión. Le pregunté si estaría dispuesta a ayudarnos. Me preguntó: «¿De qué manera?». Le sugerí que podía ayudar a convencer a Mardig para que se trasladara a una residencia asistida. Luego analizamos los pros y los contras de Mardig viviendo seguro en su propia casa frente el estrés de trasladarlo fuera del lugar que había ocupado durante casi medio siglo. Era alentador que aunque mi hermano no mostrara interés, por lo menos mi hermana se implicara.

Llamé a Mardig y mi hermano contestó el teléfono. Le hablé sobre la opción de trasladar a Mardig a una residencia asistida. Su respuesta fue: «Mardig no desea ir a una residencia». Mardig estaba en la cocina con él cuando llamé y pude escuchar cuando le dijo: «¡Eh, Mardig!, Brenda quiere llevarte a una residencia, ¿tú quieres ir?».

Éste era el especial humor punzante de mi hermano.

Ya llegaba el día. David y yo celebramos mi cumpleaños. También llamamos a Mardig e intentamos cantarle una versión armoniosa del *Cumpleaños feliz*.

Al día siguiente, 23 de agosto, me desperté con una llamada a las 5:39 a.m. *Cuando tienes un familiar que no está bien, te acostumbras a responder al teléfono puesto que nunca sabes cuándo llegará «esa llamada».*

«¡Tenemos que hablar!». Decía la voz urgente mientras interrumpía mi sueño. «¿Estás despierta?».

«Ahh... sí, sí. Estoy despierta», respondí sin convicción. Traté de entender lo que estaba oyendo. Había estado despierta hasta altas horas de la noche analizando decisiones estratégicas con los socios de nuestra empresa. Dadas las emocionantes perspectivas de nuestro futuro, me resultaba muy difícil dormirme. Debí de haber estado despierta y trabajando hasta la 1:45 a.m., apenas cuatro horas antes de la llamada.

«Mardig ha estado fuera toda la noche, desde la 1:00 de la mañana», la voz continuó. «Llegó a las 7:00 y le dije que se fuera a casa. ¡No lo quiero aquí! Hace dos días la policía lo recogió». Era mi hermana, hablando en voz alta y demandando mi atención.

Yo estaba tratando de despertar y me preguntaba si le habría pasado algo a Mardig. ¿Por qué me llamaba a hora tan inoportuna?

Ella estaba furiosa, y yo estaba cansada. Me explicó que cada vez que algo iba mal, la gente la llamaba a *ella*: los agentes, Mardig, los trabajadores del servicio social. Cada vez que intentaba localizar a mi hermano, él se burlaba de ella. «¡Quiero-tener-lo-en-una-residencia!». Ella pronunció la frase palabra a palabra.

Yo ya no lo podía soportar. *Cada vez que proponía que lo resolviéramos juntas, me decía que estaba muy ocupada. Ahora me llamaba porque había tenido un problema. Bueno, ¡me tenía cansada!* Le pregunté por qué me llamaba a mí.

En ese momento oí que su marido le decía que Mardig estaba otra vez en la puerta. Mi hermana había llegado a su límite. Gritó: «¡No lo quiero en esta casa! ¡Dile que se vaya a la suya!».

Mi hermana estaba en una situación sin salida. Le había pedido a Mardig las llaves de su casa para poder ayudarlo con más facilidad, por ejemplo, para entrar en la casa si necesitaba ayuda urgente. Pero él era incapaz de darle las llaves. Cuando perdía sus llaves o la puerta se cerraba dejándolo fuera, acudía a ella. Lo ayudaba a entrar en casa (rompiendo un cristal) si mi hermano no estaba disponible o estaba fuera de la ciudad.

Pensé que si ayudaba a mi hermana a resolver el problema que la afectaba, quizás ella estaría más dispuesta a colaborar conmigo. Entonces le pregunté cómo podía ayudarla. Me dijo que no quería saber nada de Mardig. No le importaba si él se moría. Estaba harta de encargarse de sus problemas. Ella también tenía los suyos. Ella había ayudado a cuidar de nuestra madre sin nada a cambio. *Mi hermano, que también había ayudado, consiguió que le transfirieran una gran cantidad de dinero a su cuenta. Mi hermana se sentía perjudicada y menospreciada, o no recompensada por sus esfuerzos.*

Cuando terminamos de hablar, me levanté, bien despierta, atónita. Me preguntaba, «¿por qué, por qué tiene que ser de esta manera?».

Unos días más tarde, después de llegar a Milwaukee, la mayoría de mis llamadas y mensajes electrónicos a mi hermana quedaron sin respuesta. Quería que ella acudiera a la cita que yo había programado con el representante del Departamento Geriátrico. Cuando finalmente respondió, me dijo que estaba «demasiado ocupada» para acompañarme.

Me di cuenta de que me encontraba sola. No iba a recibir la ayuda que necesitaba de ninguno de mis hermanos. Luego también pensé que tal vez estaba bien así. *No tendría interferencias.*

Acordamos que me quedaría en casa de John, el hermano de David, su esposa Anna, y Finn, su Springer Spaniel.

Tras llegar a Milwaukee fui a casa de mi padre. Su casa despedía un calor desagradable y olía a moho. Las cortinas estaban corridas y hubo que encender la luz para poder ver. Le sugerí que nos sentáramos afuera. Decidimos sentarnos en las escaleras de cemento de la parte trasera de la casa. Mardig fue al garaje para buscar una alfombrilla suave sobre la que nos pudiéramos sentar.

Miré alrededor. La casa estaba igual: descuidada, desgastada y cansada. Apenaba ver que la grandeza que un día tuvo la casa del presidente de un banco se hubiera esfumado. Mi padre fue su segundo propietario. El jardín pedía a gritos atención urgente. ¡Quién sabe qué tipo de flora y fauna estaría habitando en ese desbordado ecosistema urbano!

Aun así, disfruté sentada ahí afuera, en aquellas escaleras de atrás. Años atrás, cuando mi madre regaba su jardín, yo me sentaba en esas mismas gradas, oliendo el frescor de las plantas recién regadas. A veces, si el viento soplaba de frente, sentía el cosquilleo de la fresca bruma.

Miré alrededor. Hacía tiempo que el jardín estaba abandonado. Ahora era un enredado manojo de hierbas, con la excepción de cuatro árboles: el famoso manzano de mi padre, el peral de mi madre y las dos siemprevivas que mi madre plantó poco antes de morir. Tenían unos 30 centímetros cuando ella las plantó. Al mirarlas ahora, se erguían por encima de los dos metros.

Mardig y yo nos sentamos en los escalones y hablamos de cualquier cosa que se nos venía a la cabeza. Empezamos con los nombres de los miembros de la familia, cuál era la relación con ellos y quiénes vivían todavía. Me sentí confundida cuando mencionó a su esposa y a su madre. Se refería a ambas como «Mamá», como si fueran la misma persona. Me resultaba difícil entender cuándo hablaba de mi madre y cuándo de la suya. Dado que su «Comida sobre ruedas» llegaría antes de la 1:00 p.m., me pidió que siguiéramos con la conversación en la parte delantera de la casa. No quería perderse su almuerzo. Los del Departamento de Salud del Servicio Social le habían organizado este servicio después de visitarlo unas cuantas veces, observar el exiguo contenido de su nevera, y darse cuenta de que Mardig no estaba alimentándose de forma apropiada.

Cuando llegó su comida, entramos en la casa para que pudiera comer. Como no había otra comida, me invitó a compartir la suya. Me sentí incomoda teniendo que tomar parte del escaso alimento del que él dependía. Yo hubiera podido coger mi coche e ir a comprar algo para comer. Pero sería más difícil para él.

Opté por aceptar su invitación y compartimos su comida mientras prolongábamos la conversación.

Di un vistazo a su nevera. Todo lo que había era un bote de leche y otros dos botes medio vacíos de zumo de naranja. Uno de ellos llevaba una etiqueta con el nombre de mi hermano. El otro estaba en el anaquel del fondo. Ese debía ser el zumo de Mardig. Cuando lo cogí vi que estaba caducado. Abrí el bote y, a pesar de las objeciones de mi padre, eché el contenido por el fregadero y tiré el envase vacío a la basura.

Me empezó a preocupar que Mardig pudiera enfermar por comer alimentos en malas condiciones. Le dije que iría a la tienda de alimentación, pues no había nada que comer en la casa. Él accedió y se ofreció a acompañarme, añadiendo que quería que yo estuviera cómoda. *Quería que «yo» estuviera cómoda y tuviera comida. ¡Era yo quien quería que «él» tuviera comida!* Dijo que iría por su cartera porque quería pagar. Le dije que no era necesario. Insistió, señalando que yo era su invitada y que quería cuidar de mí. Así que esperé mientras buscaba su cartera. Cuando la encontró, fuimos a la tienda. Allí se dio cuenta de que sólo tenía 11 dólares. Tomé el dinero y acepté diez. Él quería guardar un dólar por si surgía alguna urgencia.

Volvimos a casa con una variedad de comida de fácil preparación, espaguetis, pan fresco, pudín de chocolate, un surtido de galletas, zumos y leche frescos, plátanos, uvas, tomates, refrescos y cerveza (para mí). Ahora su nevera estaba mejor surtida. Incluso yo podía picotear entre varias cosas.

Mardig quería visitar a mi hermana. Quería vernos juntas. Sugerí que sería mejor llamarla antes. *La experiencia me decía que si llamábamos a su puerta no nos abriría. Teniendo en cuenta que no había respondido a mis llamadas, ni a mis cartas, ni a mis correos electrónicos. A pesar de que yo había viajado muchos kilómetros para esta visita.* Él me pidió que la llamara. Dije: «No». Aún no estaba preparada para ser rechazada. Además, quería disfrutar un poco más de la visita con mi padre.

Así que la llamó. Él no oía bien. Como quiera que le respondió el contestador telefónico (ella filtraba sus llamadas), él pensó que quien le estaba contestando era en realidad ella y empezó a hablar. Se sintió confundido cuando la voz siguió hablando y después sonó el timbre de la señal. Pero logró dejarle un mensaje.

Luego fuimos a su habitación, donde le gustaba trabajar en su escritorio.

Sonó el teléfono. Le pedí que lo cogiera. Pero escuché para saber si era para mí. Había dado su número al Departamento de Salud, a los representantes del Departamento Geriátrico y a mis amigos.

Pude escuchar la voz. Era mi hermana. Me dije que hablaría con ella si se la oía de buen humor.

«Mardig, ¿estás bien?», preguntó.

«Sí».

«¿En qué andas?», preguntó ella, con voz alegre.

«Estoy acompañado».

«¿De quién?».

Le pedí a Mardig que no divulgara su secreto; que su acompañante era yo.

«Ven y lo verás».

«Mardig, ¿quién es?», preguntó ella, con voz de preocupación.

«¡Ven y lo verás!», bromeó, manteniendo su terreno.

«Mardig, ¡tengo cosas que hacer!», respondió, en tono irritado.

«Ven sólo un momento», suplicó (ella vivía sólo a cinco manzanas).

«Mardig, tengo que llevar a mi marido al trabajo».

Aquello no iba a ninguna parte. Me alegré de no haber hablado con ella. Ya había oído esas excusas demasiadas veces. Incluso ahora, cuando escribo esto, crece mi ansiedad y se me tensan los músculos. Excusas, excusas, excusas, ¡mientras se nos va la vida!

Mardig y yo volvimos a nuestra discusión. Le apremié para que me dejara estudiar alternativas para su cuidado. Le pedí que considerara el vivir en un lugar donde habría gente que podría ayudarlo. Le recomendé que pensara en tener a alguien que viviera con él. Le dije que estaba preocupada por él, que se le hacía cada vez más difícil encargarse de todo por sí solo. Le recordé que se había perdido y que la policía había tenido que llevarlo a casa. Añadí que los Departamentos de Salud, de Servicios Humanos y de Mayores tenían informes sobre él y supervisaban su estado.

Se rio y me preguntó: «¿A mí? ¿Por qué tendría toda esa gente que preocuparse por mí?».

Le expliqué que era un peligro para él mismo porque se desorientaba. Le dije que cualquier día se podía encontrar por la calle con chicos conflictivos que podrían hacerle daño. Dudándolo, añadí que quizás no sobreviviera al invierno. Que podía morir congelado.

Luego hablamos de la muerte. Mardig me dio su punto de vista.

«Millones de personas mueren cada año. Somos como animales... vamos tirando hasta que nos detenemos».

Yo disentía. Le dije que no podía aceptar su punto de vista porque él era mi padre.

«Cuando yo muera ya nada importa», dijo.

No pude discutir esto. Él tenía su opinión.

¿*Q*ué *podía hacer?* Si lo arrancábamos de su casa podía morirse porque no tendría razón para vivir. Por lo menos las cosas le eran familiares en su casa. Podía juguetear con sus herramientas y ponerse a trabajar con cosas con las que siempre había trabajado. La gente vive mucho porque siente que tiene un propósito, porque cree que tiene algo que hacer. Quítales eso y su razón de vivir se irá también. ¿Podía arriesgarme a sacar a Mardig del que había sido su hogar durante tanto tiempo, para que tuviera la posibilidad de sobrevivir al invierno? ¿Qué pasaría si el traslado le resultaba muy duro de soportar y moría pocos meses después? ¿Podría yo mirarme a la cara entonces?

Me recordé a mí misma que aquello no me afectaba a mí. No se trataba de lo que fuera *conveniente* para *mí*. Tenía que ser lo que fuera *mejor* para *él*, lo que le fuera bien a él.

Al día siguiente tenía que encontrarme con la representante del Departamento Geriátrico. Esperaba ansiosamente esa cita pues necesitaba respuestas. Para la reunión, preparé hoja y media de preguntas muy bien organizadas. Me emocionaba pensando que en menos de veinticuatro horas mis preguntas tendrían ya respuesta. Imaginaba que saldría de la reunión con una idea clara de lo que había que hacer.

El resultado de esta reunión cambiaría nuestras vidas.

Llamé a mi hermana la noche antes de mi reunión con el Departamento Geriátrico. Dejé el siguiente mensaje en su contestador: «El viernes, cuando hablamos, dijiste que responderías a mis llamadas. Ahora estoy en Milwaukee. Por favor, llámame al...». No recibí ninguna llamada de respuesta, ni esa noche ni al día siguiente. Había esperado que ella me acompañara al Departamento Geriátrico.

Me reuní sola con la representante del Departamento Geriátrico. Dadas las opciones a las que me enfrentaba, y debido a nuestra situación familiar, la representante me recomendó que animara a mi padre para que se trasladara a una residencia asistida. Como el día anterior lo había pasado intentando convencer a Mardig de las ventajas de una residencia, con escaso éxito, dudaba de que él pudiera inclinarse por esta opción. Pero, quizás la representante era más perspicaz que yo. Le pregunté a ella cómo podría convencerlo. Me recomendó que tentara a mi padre con las ventajas de una residencia, por ejemplo, con un personal que atendería sus necesidades veinticuatro horas al día y con amigos con los que podría socializar. Pregunté si no sería traumático trasladar a Mardig fuera de su entorno familiar. Ella convino en que ese trauma era un riesgo potencial para mi padre. Le pedí que me diera otras opciones.

Me recomendó que buscara un ayuda para cuidar a mi padre, ya que él todavía podía manejarse y llevar sus propios asuntos. Consideraba una buena idea conseguir un acompañante que viviera con él. David y yo también lo habíamos pensado, pero habíamos oído historias sobre cuidadores que se aprovechaban de los ancianos con los que vivían. De modo que éste sería el último recurso. Le pedí otras opciones.

Sugirió que fuéramos al juzgado para lograr una tutela. Le pregunté qué era eso. Me explicó que cuando una persona es declarada incompetente, un tribunal le puede designar un tutor para que se haga cargo de sus asuntos. Esto traspasa la responsabilidad y las obligaciones del individuo al tutor. Yo no creía que Mardig fuera incompetente. *Por lo menos, no estaba lista para admitirlo. Yo quería que él conservara al máximo la independencia y la dignidad que merecía.* Aunque para estar segura, le pregunté si ella lo consideraba incompetente. «No», respondió, «está "en el límite", pero si la enfermedad avanza, puede llegar el momento en que sea incapaz de cuidar de sí o de tomar decisiones».

«¿Podría un juez designarme como su tutora viviendo yo en California?», pregunté.

Dijo que no. Tendrían que ser mi hermano o mi hermana los tutores de Mardig. Mis hermanos no estaban para eso. No le habían ayudado hasta entonces, y tenía mis dudas de que esto pudiera cambiar.

«¿Qué otras opciones hay?», pregunté.

Dijo que otra posibilidad sería que pidiera a mi padre que me otorgase poderes notariales. *¿Qué significaba esto?*

Ella sugería que obtuviera un poder notarial para encargarme de sus asuntos y de su salud.

Le dije que mi padre ya me había otorgado un poder notarial para operar con sus cuentas bancarias. «¿No basta con esto?», pregunté.

Dijo que no. «Necesitarás otro para administrar sus asuntos y el cuidado de salud».

¿De qué estaba hablando? ¿Tendría que representar a mi padre en los juz-gados?

Me explicó que un poder notarial otorga al individuo el dere-cho de encargarse de los asuntos de la otra persona dentro de los límites expresados en el documento.

Mi corazón dio un brinco. Por un lado sentía una pueril emoción porque iban a encargarme una gran responsabilidad, ¡nada menos que «apoderada»!; después de todo, yo era la pequeña de la familia. El miembro más joven de una familia nunca era alguien de respeto. ¡Eah!, estaba a punto de asumir una cosa de mayores. Era como ponerse al volante por primera vez. Era como comprar mi primera casa. Me sentía adulta. Por otro lado, sentí una terrible angustia. Debí haber hecho caso a ese sentimiento.

Realmente deseaba que mis hermanos se implicaran. Ya que no lograba hablar con ellos o hacer que se implicaran, quizás la representante del Departamento Geriátrico podría ayudar. Como creía que lo mejor era que entre mi hermano, mi hermana y yo convenciéramos a Mardig para que nos dejara ayudarlo, ella se ofreció voluntariamente para llamar a mis hermanos y convencer-los de que se unieran a mí. Añadió que los tres podríamos conse-guir un poder notarial para lo de Mardig.

Pensé que era una buena idea. Luego supe por otros cuidado-res que no *era* una buena idea que *todos* nosotros compartiéramos el poder notarial. La responsabilidad de un poder compartido re-quiere mucha coordinación y acuerdos. *Yo ni siquiera conseguía que mis hermanos me devolvieran las llamadas. Y supe que tampoco respondieron a las de la representante del Departamento Geriátrico.*

Al día siguiente llamé de nuevo a mi hermana. *No podía ren-dirme. ¡Tenía esperanzas!*

Ella contestó el teléfono. Su voz me cogió desprevenida pues generalmente dejaba que el contestador recibiera las llamadas. Le pedí ayuda para coordinar los asuntos de Mardig durante mi estancia en Milwaukee. Me dijo todas las cosas que tenía que hacer y que el inspector de obras estaba subido a sus espaldas. *Había oído estas excusas durante tres años y medio, ¡incluso cuando mi madre vivía! O Milwaukee tenía un inspector de obras muy paciente o la espalda de mi hermana era muy ancha.* Le rogué que se implicara. Le recordé las veces que me había dicho que tenía que soportar toda la carga y había pedido mi ayuda, aunque yo viviera en California. Le dije que aprovechara ahora que yo estaba en Milwaukee. Ella siguió dándome excusas. Ante estas excusas mi frustración crecía. Durante años la había visto preocuparse sólo por sí misma. Con estas imágenes en la cabeza, a medida que me decía lo ocupada que estaba, me iba impacientando. Le dije que me había dado cuenta de que ella no podía asumir ningún compromiso. Después de un rato durante el que seguí recibiendo repetidas excusas, colgué. *Detesto hacer eso. Resulta una cosa tan infantil, simplemente colgar el teléfono sin esperar a concluir una conversación.*

¡Consejos! ¡Necesito consejos! Envié un correo electrónico a Sally. Me sugirió que contratara un abogado para que escribiera a mi hermana invitándola a implicarse. Así, la carta quedaría registrada y también su negativa a comprometerse. Ésta era una precaución puesto que yo no sabía qué podía esperar de mi familia.

Previamente, mi hermana me había informado de que mi hermano estaba considerando internar a Mardig. No me gustaba cómo sonaba esto, especialmente sabiendo que Mardig y mi hermano no se llevaban bien. Yo sabía que mis hermanos nunca aparecían cuando había trabajo por hacer. Sin embargo, cuando éste había terminado, llegaban rápidamente para juzgar los resultados. Así que era mejor prevenir que lamentar. *¿Dónde encontraría un abogado?*

Llamé a la representante del Departamento Geriátrico y le dejé un mensaje pidiéndole que me ayudara a encontrar un abogado. También le pedí a David que tomara un avión para pasar conmigo el fin de semana festivo y me ayudara. No estaba consiguiendo nada y quería hacer algo aprovechando esta visita. Quizás David pudiera convencer a Mardig. Después de todo, mi padre respetaba a David porque *¡era un hombre!*

David vino a Milwaukee. Tras recogerlo en el aeropuerto fuimos a visitar a mi padre. Se puede decir que los días siguientes fueron un torbellino.

Mardig disfrutaba de la compañía de David. Hablaban mucho. A decir verdad, mi padre no recordaba que David ya no vivía en Milwaukee. Un día, yo bajé al sótano. Me preguntaba si el extraño olor que salía del sótano sería moho o algo más serio. Después le mencioné el olor a David y lo revisamos juntos. Él no olía nada extraño. «Creo que es gas», le dije. *Las mujeres tienen un sentido más fino del olfato que los hombres.* Como yo una vez había detectado un escape de gas en casa, David me urgió a llamar a la compañía del gas.

El empleado de la compañía dijo que vendría de inmediato. Cuando llegó, localizó grandes filtraciones de gas. Esto era alarmante, pues pensándolo bien, recordamos que yo ya había percibido el olor durante la visita que hice en marzo. ¿Habría habido fuga todo ese tiempo?

Menos mal que Mardig no fumaba. Una llama podría haber hecho volar el lugar en pedazos. ¡Y Mardig había dejado de pagar el seguro de su casa! Cinco operarios de la compañía de gas trabajaron durante un día entero para romper un muro, llegar hasta la cañería que presentaba desperfectos y sellar todas las tuberías que había en la casa. *¿Es que no vivía mi hermano en esta casa?*

David y yo decidimos que teníamos la obligación de cuidar de Mardig. El escape de gas y la nevera vacía ilustraban su negligencia. No podíamos darle la espalda. Teníamos que hacer algo por él. Empezamos por las cosas simples; dejarlo limpio. La noche siguiente, en cuanto Mardig se sintió cansado y se desvistió para irse a dormir, recogí las ropas que él no había lavado desde marzo y las lavé.

También intentamos localizar a mi hermano. No nos había devuelto llamadas anteriores ni respondido a los faxes que mandamos a su oficina. No teníamos otro modo de contactar con él, pues aún no se había dejado ver por casa.

Mientras ordenábamos algunas pilas de papeles, encontramos una revista donde estaba escrito el nombre de una mujer. Nos habían dicho que mi hermano tenía novia, así que seguimos esta pista. Descubrimos una dirección en otro distrito y decidimos que al día siguiente iríamos allí tras las huellas de mi hermano. Fue en vano.

Esa noche, mientras seguíamos revisando papeles de Mardig, hallamos unos bonos del Tesoro de Estados Unidos metidos en un sobre discretamente escondido entre dos libros. Las tres bandas que alguna vez ajustaron los bonos estaban secas y ya no sujetaban ningún bono. Retiramos las gomas y comentamos con Mardig el tema de los bonos. Dijo que los dejáramos aparte, que ya los revisaría más tarde. David, que había pasado año y medio con mi padre, sabía lo que aquello quería decir. Los colocaría en

cualquier sitio y luego los volvería a perder. *Todo se revisaría después...*
se decidiría después. Así pues, los cogimos, lo que también era un
riesgo. ¿Qué pasaría si los perdiéramos? No podíamos tomar
aquella responsabilidad a la ligera y nos pusimos nerviosos por lo
que habíamos hecho.

Habíamos dado el primer paso serio para empezar a implicarnos activa-
mente en la vida de mi padre.

Cuatro
Nuestras vidas están a punto de cambiar

David y yo pasamos los días siguientes clasificando los papeles de Mardig. Empezamos a hacernos una idea más clara de la gravedad de su situación. Mientras, Mardig disfrutaba de nuestro genuino interés y empezó a reflexionar sobre su pasado. Yo nunca había sabido mucho de su pasado. Sabía más de la parte materna de mi familia. Mardig no explicaba mucho de la suya. Antiguos malentendidos habían mantenido a las dos familias separadas. De modo que este proceso de descubrimiento se convirtió en una excavación arqueológica. Yo me encontraba en una expedición para conocer una parte importante de mi historia familiar.

Puesto que David y yo sólo pasaríamos el fin de semana en Milwaukee, nuestro tiempo era limitado. Sin embargo, nos tomamos unas horas para disfrutar de algo que daba fama a Milwaukee: ¡la cerveza! La Cervecería Sprecher, una micro-cervecería de Milwaukee patrocinaba su festival anual, una versión del Oktoberfest muniqués. Fuimos allí con el hermano de David, John, y su esposa Anna. Probamos prácticamente todas las cervezas y repetimos de las dos que nos gustaron más. A medida que pasaban las horas y nosotros nos deleitábamos con *muchos* vasos de cerveza, empezamos a filosofar sobre mi padre.

El alcohol produce cosas extrañas en la gente. Un festival, una gran cerveza... *¡Y decidimos que mi padre se viniera a vivir con nosotros!*

¡Ahh, el alcohol...! Sus efectos desinhibidores habían sorprendido a muchas parejas que meses después tenían que aprender a ser padres. Nosotros también decidimos convertirnos en padres. Decidimos adoptar a un hombre de ochenta y seis años: mi padre.

Ahora teníamos que convencer a Mardig de nuestras intenciones. Ésta era la parte más difícil. Lo tomamos con calma. Le sondeamos con muchos «qué pasaría si...». «¿Qué pasaría si te mudaras a California?».

No lo consideró una buena idea, pues pensó que para eso haría falta dinero. «¿Dónde viviría?», preguntó.

«Vivirías con nosotros», le respondimos.

No se le veía precisamente entusiasmado con la idea. Era muy independiente y quería seguir ocupándose de sí mismo. Le recordamos los casi 28.000 dólares en bonos (en valor nominal) que habíamos encontrado. *No teníamos idea de cuánto valdrían aquellos viejos bonos de hacía treinta años.* También le recordamos que tenía algunas acciones de General Electric, aunque no sabíamos cuántas. Y sabíamos que tenía varios certificados de depósito. Estimábamos que la suma de todo ello ascendería a unos doscientos mil, y se lo dijimos. Él se rio.

Pasó el fin de semana y David tenía que volver a California. Yo me quedé; encontré algunos otros documentos importantes de Mardig. Cada vez que hallaba algo relacionado con sus finanzas, se lo enseñaba. Esto incluía certificaciones bancarias, certificaciones por ganancias de dividendos y bonos de ahorro. Esto le dió una idea de lo que poseía, y empezó a sentirse esperanzado. Se sorprendía por haber podido amasar tanto. *¡Y yo también! ¡Porque a nosotros nos criaron de modo muy sencillo!*

Hice un trato con Mardig. Le dije que si realmente tenía todo aquel dinero, bien podía venirse a California con nosotros. Pero por raro que parezca, su naturaleza, obstinadamente independiente, le hacía preguntarse continuamente qué sería de él si no tenía dinero suficiente. Los ánimos que yo le daba no calmaban su profunda preocupación y su necesidad de independencia y autosuficiencia. Así que me sentí aliviada cuando finalmente aceptó mi ofrecimiento. Emocionada, envié la noticia por correo electrónico a David, a Sally y a Ken.

Sally fue la primera en contestarme. Teniendo en cuenta las opciones que habíamos discutido previamente, la había sorprendido esta decisión final. He aquí un extracto de su respuesta:

¡Eah! No me esperaba este cambio.

Vale: ¿Estás segura de que podrás manejar el asunto? Desde ahora tendrás que analizar cada movimiento que hagas. Te has convertido en el padre de tu padre. Tienes muchas cosas que hacer... Estoy conmocionada, simplemente no me esperaba esto. Sólo quería que al leer este mensaje supieras que Ken y yo estaremos contigo y con David. Que Dios os ayude... Si necesitáis la furgoneta para recogeros a ti y a papá en el aeropuerto, dímelo... Yo confío en ti, lo harás muy bien.

Con cariño, Sally.

Cada vez que volvía a Milwaukee, solía visitar a mis amigos. En este viaje, también pensaba realizar algunos asuntos de trabajo.

Pero todo había cambiado. No tenía tiempo ni para visitar a mis amigos ni para mis gestiones. Ni siquiera había podido localizar a mi hermano. Mi hermana y yo ya no nos comunicábamos. Estaba sola. Tenía que hacerme cargo de todo por mi cuenta y preparar a Mardig para el traslado a California. *¿Qué podemos llevar en el avión? Tiene muchas cosas que le gustan: sus herramientas, su ropa preferida, sus artículos de cuidado personal y sus documentos. ¿Por dónde empiezo? ¿Será suficiente? ¿Qué pasará con la casa?*

Empecé a sentirme agobiada por las responsabilidades. Había muchos cabos sueltos por atar... Uno de ellos eran las vacilaciones de Mardig sobre si iría o no a California. *¡Ah! Y todavía tenía que comprar los billetes de avión.* Y tenía que tramitar el poder notarial. ¿A quién llamar? No conocía a ningún abogado que hiciera ese tipo de gestiones. Había llamado a la representante del Departamento Geriátrico el viernes y le había dejado un mensaje. Ella me llamó pasado el fin de semana y me dijo que el Departamento tenía una lista de abogados especializados en leyes sobre la Tercera Edad y que me la daría encantada. Esa tarde fui a su oficina y recogí la lista. Al día siguiente hice algunas llamadas telefónicas. Cuando quise encontrar un abogado que podía ayudarme ya era martes. Sólo quedaban cuatro días para que finalizaran mis dos semanas y tuviera que volver a casa.

Me preocupaba lo que estaba haciendo: llevarme a mi padre a California. No podía evitar preguntarme si no estaría haciendo algo incorrecto. *Ése es el temor de los hijos pequeños de la familia. Yo no era diferente. Aunque mis hermanos y yo no estuviéramos en contacto, era también su padre a quien me estaba llevando.*

Necesitaba asegurarme de que Mardig autorizara mis esfuerzos para ayudarlo de alguna manera legal. No sabía cuál podría ser la reacción de mis hermanos y no quería que me acusaran de nada. Si iba a encargarme de los asuntos de mi padre, tenía que hacerlo de forma *correcta*.

Hasta ese momento, Mardig todavía no se había duchado. No podía salir a la calle así. Estaba sucio, y olía mal. Seguramente no se había duchado desde la última vez que lo visité en marzo. ¿Cómo conseguir que se duchara?

Utilicé el mejor razonamiento que pude. Como a Mardig le gustaba tenerme cerca, ayudándolo, le expliqué que si quería que me hiciera cargo de sus asuntos había que hacerlo de modo legal, lo que implicaba ver a un abogado. Añadí que yo no me sentiría cómoda si iba al abogado con un olor tan desagradable. Me preguntó si realmente olía tan mal. Le dije: «Sí». *Me gustaba hablar con mi padre con sencillez. Era un hombre racional y no parecía ofenderse cuando mis comentarios se dirigían a su propio bien.*

Me sorprendió cuando dijo: «Por ti, lo haré. Pero ahora necesito ropa limpia». Le aseguré que si se empezaba a duchar, yo iría a buscar su ropa y la tendría lista para cuando saliera. Dijo: «Vale», y subió las escaleras para ir a ducharse. En ese preciso momento, sonó el teléfono. Era el abogado con algunas preguntas de última hora sobre el poder notarial. Quería hacer un borrador del documento para que pudiéramos revisarlo al llegar a su oficina. Justo al colgar el teléfono, Mardig apareció en el salón vistiendo únicamente una camisa mal abrochada, sin pantalones ni calzoncillos. Aparté la mirada y le pregunté: «¿Por qué no estás arriba duchándote?».

Respondió: «Porque dijiste que me llevarías ropa limpia».

«Lo haré. Por favor, sube y dúchate», le dije.

Me sentía extraña viendo a mi padre de esa manera. Nunca le había visto desnudo antes (ni siquiera parcialmente). Le pedí otra vez que subiera. Caminó delante de mí y luego se detuvo y se volvió a mirarme. Me dijo que se sentía muy apegado a mí, que sabía que yo estaba tratando de cuidar de él y que me quería.

Me empecé a sentir incómoda. Si hubiera estado completamente vestido, hubiera sido más fácil. Pero sólo con una camisa puesta, que escasamente cubría sus partes íntimas, no sabía cómo interpretar lo que acababa de decir. Abochornada como me sentía, tomé su mano, teniendo cuidado de no mirarlo, y le pedí que subiera las escaleras conmigo. Le recordé que quería que se duchara. Me pidió que lo ayudara. Yo dudaba, hasta que una voz en mi interior me dijo: «Si quieres que se duche, ayúdalo. Han hecho falta seis meses para que él llegue a este punto». Abrí el grifo mientras él se desvestía. Trataba de concentrarme únicamente en el agua y en la llave del grifo. Una vez que el agua estuvo caliente, le ayudé a meterse en la ducha, cuidando de apartar mis ojos de su desnudez. Cerré las cortinas de la ducha y le dije que saldría del baño. *¡Ufff! ¡Aquello era tan extraño! Nunca había tenido una experiencia así.*

Bajé las escaleras para buscar su ropa. Tenía muchas camisas bonitas que ya no se ponía. En silencio, mientras él se seguía duchando, volví a entrar en el baño y dejé sus ropas dentro. Cuando acabó de ducharse me llamó por mi nombre. De pie, y dudando ante la puerta del baño, dije: «¿Sí?».

«¿Qué tal estoy?», me preguntó.

No sabía qué encontraría. Lentamente abrí la puerta y vi a Mardig sentado en el retrete con su camiseta y sus calzoncillos puestos. Se estaba poniendo los calcetines. Lo miré. Vaya, se le veía tan limpio y tan fresco. Me sentí orgullosa de él. *Sin embargo, seguía dándole vueltas a lo ocurrido.*

De camino a la oficina del abogado, que estaba a poca distancia, empecé a asustarme. Estaba aterrada por lo desconocido. No sabía qué esperar. ¡Esto era una cosa tan de adultos! Estaba con mi padre, a punto de firmar los documentos legales para manejar sus asuntos. Él había sido tan reservado para sus cosas. Yo no sabía nada, excepto algunos detalles que había compartido conmigo con el paso de muchos años.

Llegamos a la oficina del abogado, situada en la segunda planta de un edificio del lado sur de Milwaukee. La recepcionista nos saludó y nos invitó a tomar asiento. Apenas tuvimos tiempo para contemplar la suite de la oficina —el sólido artesonado en madera y los altos techos característicos de algunos edificios antiguos de Milwaukee— cuando se presentó el abogado Cohn y nos invitó a pasar a su despacho. Se presentó a sí mismo, nos dio la mano y nos ofreció asiento. Aunque Mardig estaba sentado a mi lado, yo seguía nerviosa. Después de todo era una gran responsabilidad.

Eché un vistazo. Había montañas de documentos, archivos y libros por todas partes. Un sentimiento compasivo se mezcló con mi nerviosismo al preguntarme cómo haría aquel abogado para moverse entre tanta documentación. El abogado Cohn era lo suficientemente organizado como para haber preparado un borrador del poder. Sólo teníamos que revisar los detalles. Tenía que confiar en su eficiencia. Aun así, no podía quitarme de encima la incomodidad que sentía. Era una experiencia completamente nueva y no sabía en qué me estaba metiendo.

David —así es como acabé llamando al abogado Cohn— debió percibir mi tensión. Trató de facilitarme las cosas poniendo en acción lo que luego descubrí que era su especial sentido *seco* del humor.

Estaría cerca de los cincuenta años, usaba gafas sin montura y tenía el pelo gris. Llevaba unos tirantes llamativos y una atrevida corbata de colores. En contraste con esos vibrantes accesorios, lucía una fina camisa de algodón, que le otorgaba un aire profesional. Era como si tuviera un pie plantado en los años sesenta y el otro en los noventa. Su estilo casual me ayudó a relajarme un poco, a pesar de mis incertidumbres.

David se dirigió a Mardig y le preguntó sobre sus intenciones: «¿Sabe usted por qué está aquí?».

«Sí, para hacer que mi hija se encargue de mis asuntos».

«¿Ésta es su hija?».

«Sí, ésta es mi hija». Mardig me miró con un destello de alegría.

«¿Cómo se llama su hija?».

«Brenda».

«¿Puede, por favor, revisar estos documentos y decirme si tiene alguna pregunta? Yo le explicaré algunas partes».

Mardig no quería leer todas las hojas que nos puso delante y me pasó los documentos para que los revisara yo. «Como ahora tú te encargas de mis asuntos...», añadió con tono bromista.

¿Y qué pasaría si no estaba haciendo las cosas bien? Mi cabeza seguía diciéndome que ya era una persona adulta y podía asumirlo. No presté atención a lo que me decía el cuerpo. *¡No lo hagas! Es mucho más problemático de lo que has podido imaginar. ¡No lo hagas! ¡Trastornará tu vida! ¡No lo hagas! ¡Cambiará totalmente el curso de tu vida!*

Insistí a Mardig para que revisara conmigo los folios del poder notarial. Yo no lo entendía todo. A decir verdad, no estoy segura de haber leído el documento por completo. Hice algunas preguntas y luego David Cohn dirigió nuestra atención hacia las partes más importantes del documento. Pasamos bastante tiempo examinando el poder de tutela del cuidado de la salud. Mardig me preguntó si consideraba aceptables los documentos. Todavía nerviosa y con sentimientos mezclados, le dije que sí. Los firmé, y también mi padre. *El abogado Cohn estaba en la lista del Departamento Geriátrico. Tenía que ser bueno.*

Luego David preguntó a Mardig si había entendido lo que acababa de firmar. «Sí, mi hija es mi abogada», le respondió, mirándome y dándome unas palmaditas en la rodilla.

Ya habíamos dado el paso. Ya habíamos acabado con el trámite del abogado. ¿Qué venía ahora? El agobio volvió a sofocarme.

Fuimos a la tienda de alimentación. Mardig ya había terminado con la comida que habíamos comprado. Mientras yo daba vueltas por las estanterías, noté una alegría especial en él. Parecía un niño juguetón. Le pregunté cómo se sentía y me dijo que estaba realmente feliz. Añadió que percibía que yo le iba a ayudar y que realmente me preocupaba por él. Eso me alegró. Me dijo que me quería. A mí me gustaba que me lo dijera, pero estaba el incidente anterior de la ducha, lo cual me producía sensaciones encontradas. Añadió: «Te quiero mucho. ¡Quiero comerte!». Dijo esto en voz alta. Yo empecé a abochornarme. Lo dijo algunas veces más y yo le pedí que dejara de hacerlo, que me estaba avergonzando. Él dijo: «Vale».

Era como si le hubieran quitado un enorme peso de encima. Había abandonado su propio control. Yo no sabía qué sentía aún.

Por una lado, me sentía halagada. Por otro, sentía una gran responsabilidad... lo cual me asustaba.

Llamé a Sally para que me diera su opinión sobre el incidente de la ducha con mi padre. Ella tenía experiencias similares por la incontinencia de su padre. Tras hablar cuarenta y cinco minutos empecé a sentirme más fuerte, preparada para continuar. Todavía tenía que recoger los informes clínicos de Mardig. Y antes tendría que localizar a su médico.

Días después, envié a Sally un correo electrónico con la lista de mis progresos:

Lo de mi padre está siendo muy difícil. Hago las cosas mucho más rápido de lo que él está acostumbrado. Cuando vuelva el jueves 10, ¡espero traerlo conmigo!

David y yo estamos tratando de dar este paso con calma. Es como si estuviéramos adoptando un niño. Nuestra vida cambiará por completo. Ya no tendremos libertad para entrar y salir cuando nos plazca. Y tenemos que adoptar hábitos alimenticios adecuados para que mi padre pueda comer de forma regular y nutritiva. Ahora mismo David y yo llevamos una vida frenética, ¡sólo comemos una vez al día! Incluso tendremos que contratar a alguien que cuide de él cuando los dos tengamos que salir. Dado que vendrá a vivir a un lugar extraño y desconocido, ¡sería terrible que se fuera a perder! Bueno, bueno, ¡cada paso con calma!

Era la mañana del 10 de septiembre, el último día de mi estancia en Milwaukee, cuando le envié un correo electrónico a un socio empresarial para explicarle por qué no podríamos reunirnos. Lo que sigue es un extracto:

> *... imagina lo que es coger a un hombre que ha vivido en la misma casa durante cuarenta y cinco años para trasladarlo a Los Ángeles con tal precipitación. En tan poco tiempo (una semana), he tenido que buscar un abogado local, obtener un poder notarial, localizar y hablar con el médico de mi padre, sacar copias de sus informes clínicos, cuidar de él día a día, dado el cambio súbito que dará su vida... En suma, sólo he conseguido dormir cuatro o cinco horas por noche y ocuparme de sus cosas el resto del tiempo.*

Hacia las siete de la tarde, hora de Milwaukee, el sol se estaba escondiendo y mi padre y yo subíamos al avión con dirección a Los Ángeles. Era su primer vuelo comercial. Mardig no concebía la idea de estar volando a unos 9.000 metros por encima del suelo. Tampoco imaginaba que le servirían una comida tan buena en el avión (íbamos en primera clase y la comida era exquisita). A decir verdad, no se creía que estaba volando en un avión.

No me creyó cuando le dije lo alto que estábamos volando, así que se levantó para preguntar a las azafatas. Se pasó buena parte del vuelo de pie, en la parte delantera del avión, conversando con ellas. Supongo que se conmovieron ante la inocencia de Mardig y con su genuina amabilidad, pues lo mantuvieron entretenido durante casi una hora. Y le regalaron sus galones.

David y yo acabábamos de convertirnos en padres.

SEGUNDA PARTE

La punta del iceberg

Cuando decides hacer algo, tienes que llevarlo a cabo. Con unas jarras de cerveza de más, habíamos decidido que invitaríamos a mi padre a vivir con nosotros. Teníamos que llevarlo a cabo. No tendría que haber ningún cambio de planes. No podíamos dar la espalda a la responsabilidad a que ahora nos enfrentábamos. Así que, nos preparamos para cuidar de Mardig. David se cuidó de preparar la habitación de Mardig en nuestra casa. Compró cosas que mi padre podría necesitar, como accesorios de baño, más ropa —yo había comprado unas pocas prendas en Milwaukee—, y comida para una alimentación sana y equilibrada.

La gente nos veía a David y a mí como dos grandes planificadores. La ventaja de esto era que rara vez nos veíamos sorprendidos por imprevistos, pues planificábamos todos los detalles con antelación. El inconveniente era que podíamos pasarnos despiertos muchas noches, afinando los detalles, asegurándonos de tener previstas todas las posibilidades con la información que teníamos. Aun así, no podíamos prever la magnitud de la responsabilidad que habíamos tomado.

Cuidar de mi padre sólo era una parte de las responsabilidades que debíamos abordar. Había otras muchas tareas que asumir, como conseguir una tarjeta de la Seguridad Social para él (había perdido la suya, junto a otros documentos de identificación). En la Seguridad Social nos sugirieron que obtuviéramos un DNI de California para él. Y no podíamos solicitarlo sin la partida de nacimiento, sin los documentos de ciudadanía o sin la tarjeta de la Seguridad Social.

Teníamos que ocuparnos de su salud. Había que buscar un médico especializado en la enfermedad de Alzheimer.

Intentamos abrirle una cuenta en el banco y nos dijeron que no podríamos sin su DNI de California, o sin su tarjeta de la Seguridad Social.

Aún teníamos que revisar montones de documentos de Mardig que habíamos embalado y expedido hacia California. Tenía guardados tantos legajos, que no habíamos podido examinarlos todos cuando estuvimos en su casa en Milwaukee. En las siguientes visitas a Milwaukee, recogimos más documentos importantes y los enviamos a California por correo aéreo certificado.

Revisar, entender y organizar toda la documentación de Mardig se convirtió en nuestra mayor pesadilla. Nos quedamos aturdidos con todo lo que encontramos. Nuestras mentes estaban tan dominadas por todos los asuntos de Mardig que vivíamos en la confusión. Una vez, mientras conducía por una carretera conocida, perdí momentáneamente el sentido de la dirección ¡y no supe dónde estaba! El abogado Cohn lo resumió con la siguiente analogía: «Decidiste coger una ramita, ¡y se te vino encima el roble entero! Decidiste coger un grano de arena, ¡y se te vino encima toda la playa!».

Cinco
Nuestras vidas dan un giro inesperado

Cuando aterrizamos en Los Ángeles, Mardig se alegró al ver a David. Los dos hablaron durante la hora y media que duró el camino a casa. Yo cerré los ojos y me dormí en el asiento trasero del coche. Estaba exhausta.

A las once de la noche, tras seis horas de viaje (cuatro de avión y dos más entre la recogida de las maletas y el trayecto a casa), la desorientación de mi padre crecía y él insistía repetidamente en que quería irse a casa. Prometía que nos visitaría al día siguiente, pero quería volver a su casa para pasar la noche. *¿Qué podíamos hacer?* Le explicamos lo lejos que habíamos viajado. Nos tomó otra hora y media persuadirlo para que aceptara pasar la noche. Le dijimos que lo llevaríamos a su casa a la mañana siguiente. *Lo que en principio había sido un gesto amable por nuestra parte, quizás podía dar marcha atrás ante el deseo de Mardig de volver a casa. Decidimos que si realmente quería volver a Milwaukee, tomaríamos un avión con él al día siguiente.*

A la mañana siguiente, él estaba bien descansado. Lo recibimos con el desayuno. Después de haber pasado con una sola comida equilibrada al día (la del programa «Comida sobre ruedas»), se sintió encantado de sentarse ante un suculento desayuno de huevos, pan, queso y uvas. *¡Y nosotros también! Rara vez desayunábamos.*

Pero habíamos cambiado nuestra rutina. Desde ahora teníamos que cuidar de Mardig.

Luego lo llevé en coche a dar una vuelta por el barrio. Como habíamos llegado de noche, quería que pudiera ver lo máximo posible durante el día. No estaba totalmente segura de que él entendiera dónde estaba. Le gustaron las casas y el barrio. ¡Estaba lleno de energía! Después de haber trabajado tan intensamente las dos semanas anteriores en Milwaukee, y con pocas horas de sueño, yo sólo quería descansar un poco y reanudar el trabajo, que se había acumulado en mi ausencia. Al percatarse de mi agotamiento y de mi deseo de ponerme a trabajar, David le preguntó a Mardig si le gustaría dar un paseo.

«Sí», dijo Mardig.

A Mardig le encantaba caminar y eso le ayudaría a familiarizarse con su nuevo entorno. Se pusieron los zapatos y salieron a dar un paseo de unos cuarenta y cinco minutos como mínimo, según prometió David. *¡Ahhh! Paz. Silencio. Relajación.*

No había sabido nada de mi hermana mientras estuve en Milwaukee, así que a la mañana siguiente, ya en California, la llamé y le dejé un mensaje. Me molestaba que no se hubiera implicado y que no hubiera respondido a mis llamadas. Pero a pesar de mis sentimientos, le envié un correo electrónico. Traté de mostrarme lo más natural posible:

Asunto: MARDIG

¡Hola!

Oye, dejé un mensaje en tu contestador esta mañana... sería un poco después de la 1:00 en tu hora local.

He logrado convencer a Mardig para que se venga a California conmigo. ¡Gestionarlo no ha sido tarea fácil! Traer a un hombre en avión (su primer vuelo, por cierto, y se ganó unos GALONES de premio, que las azafatas prendieron en su chaqueta) y que dejara la casa en la que ha vivido durante cuarenta y cinco años.

Le he comprado ropa (ya sabes lo sucia y gastada que estaba la suya): pantalones, camisas, pijamas, calzoncillos, calcetines, y conseguí que se diera una ducha (¿después de cinco meses?). Realmente me hubiera gustado que lo vieras, ¡ESTÁ MUY GUAPO!

Así que aquí está y yo estoy hecha un cachorrito agotado. ¡Realmente necesita tanto cuidado...!, especialmente desde que está en un ambiente desconocido. Lo he llevado a dar una vuelta en coche y David también ha ido con él a dar un paseo.

Bueno, esto es todo lo que quería que supieras por ahora. Espero que su estancia aquí te signifique un breve respiro. Por cierto, aún no he localizado a [nuestro hermano]... Su reacción será interesante.

Aquí estoy, pues, intentando hacer todo lo que pueda por Mardig, Brenda.

Mi corazón me decía que David y yo tendríamos que hacer este recorrido sin el apoyo de ninguno de mis hermanos, así que empecé a ponerme en contacto con mis amigos y colegas, pidiéndoles consejo. Por lo general, usaba el correo electrónico para comunicarme con ellos. Esto resultaba útil, pues podían leerlo cuando les fuera bien. Así, no tendrían que escuchar mensajes telefónicos interminables suplicando consejos, comprensión, piedad, compasión o simpatía. Uno de mis correos electrónicos fue para un colega que se había mudado a San Diego. Le había prometido que le visitaría en su nueva casa a mi vuelta de Milwaukee.

Asunto: ¡SALUDOS DESDE CALIFORNIA!
Rodger,
¡Holaaaa... Estoy de vuelta! Oh, oh.

Novedades: He traído a mi padre a vivir con David y conmigo. Esto va a hacer que las cosas sean un poco distintas; libertad, disponibilidad, sueño (él da vueltas por la noche)... David y yo nos turnamos para levantarnos y pasar unos veinte minutos con él hasta conseguir que se vuelva a dormir. Oye, ¡es como tener un BEBÉ!

Cuando las cosas se asienten un poco veré cómo hago para ir a visitar tu casa en el bosque (¡no, en la playa!). Te llevaré un puro (¡Ha sido NIÑO![3]*).*

Espero que te vayas acostumbrando a tu nueva casa ¡y que ya hayas ido a algún concurso de cervezas!

Brenda Avadian.

Conferenciante, Autora & Asesora de Desarrollo Humano.

Una mañana de fin de semana, durante el desayuno, Mardig nos agradeció nuestros cuidados y quiso saber por qué dejábamos nuestros asuntos por él. Le dije que porque él era mi padre, y le recordé el poder notarial que él me había otorgado. Sonrió ante la idea de que nosotros lo cuidábamos por el *simple* hecho de que era mi padre. Luego me preguntó si tenía los documentos del poder notarial. Le dije que sí y fui a su habitación a buscárselos. Los leyó durante casi media hora y después habló.

«La persona que escribió esto no es *sólo* un abogado, sino todo un *abogado*». Luego preguntó: «De modo que te autoricé a encargarte de *todo*». Enfatizó en la palabra *todo*.

«Sí», respondí de modo vacilante, sin saber dónde quería ir a parar.

---

[3] Costumbre en EE. UU. ante el nacimiento de un varón (n. del t.).

«Bien», dijo, para gran alivio mío. «¡Ahora ya no tengo que preocuparme de *nada*!».

Envié un correo electrónico a David Cohn para ponerle al día sobre la vida de Mardig en California, y para comentarle las reacciones de mi padre sobre el poder notarial que él había redactado. También le informé que seguía sin noticias de mis hermanos y le pedí que prosiguiera con algunos trámites aún sin resolver —determinar a quién le correspondía la casa que Mardig acababa de dejar. *Mi hermano le había dicho a mi hermana repetidas veces que la casa de nuestro padre era suya (de mi hermano). Teníamos que comprobarlo.*

Más adelante, Mardig sacó a relucir el tema de sus finanzas. «Tenemos una cuenta en Omaha. Hay que recuperar ese dinero».

«Está bien, lo haremos», le respondí. A movilizarse otra vez. *¿Cuándo tendré tiempo para trabajar en mis cosas?*

Durante las semanas siguientes hice muchas llamadas telefónicas y envié y recibí muchos correos electrónicos. Las primeras llamadas fueron para mis vecinos. Pasando por alto lo embarazoso de tener que contar a otros que me estaba haciendo cargo de mi padre, a quien quizás no iba a poder controlar, les dije la verdad: David y yo hemos adoptado a mi padre de ochenta y seis años, que sufre una demencia de tipo Alzheimer. Mide aproximadamente 1,55 m. y pesa 54 kilos (había perdido bastante peso antes de que nos hiciésemos cargo de él). Generalmente usa gafas de montura negra, una gorra de béisbol y una chaqueta marrón. Si lo ven por la calle, por favor avísennos, porque no conoce este lugar y podría perderse.

Estas llamadas resultaron ser útiles. Dos días después, una de nuestras vecinas llamó para decirnos que acababa de ver a mi padre andando en dirección a su casa.

Es increíble ver cómo cuando tu vida cambia, transforma todo el tejido de tus relaciones con los demás. En nuestro caso, no sólo afectó a nuestras relaciones personales, sino también a las profesionales.

Un compañero nos escribió para decirnos que lo que David y yo estábamos haciendo era un acto muy noble, y que por la experiencia de un tío suyo, sabía que era como tener un niño. Mi respuesta fue:

Gracias por tus amables palabras. Es nuestro hijo de ochenta y seis años. David y yo le proporcionaremos un lugar seguro para que viva con dignidad.

Ahora sabemos lo que es no dormir de un tirón por las noches... como con un niño, tenemos que levantarnos a cada momento y engatusarlo para que vuelva a dormir.

También se queda muy confundido cuando vuelve a casa después de que volvamos de dar un paseo. Quiero que se sienta motivado, pero empiezo a entender por qué a mucha gente mayor se la coloca en residencias y se las medica con sedantes. Si no fuera mi padre, dudo que David y yo pudiéramos ser tan pacientes con él. Como puedes suponer, hemos dejado de hacer muchas cosas desde que él llegó a nuestras vidas.

Yo no lo sabía bien aún, pero el hacerme cargo de mi padre alteraría mi vida significativamente. No podría ver a este compañero hasta un año después. Y lo que es más importante, dejé de utilizar mi rúbrica de «Conferenciante, Autora

& Asesora de Desarrollo Humano» al enviar mis correos electrónicos. Los asuntos de Mardig me absorbían tanto la vida, que ya no podía viajar para cumplir con mis compromisos de conferenciante y asesora.

Una antigua colega me escribió:

> *Tú y David sois gente extraordinaria; no todo el mundo aceptaría asumir el trabajo y la responsabilidad que implica hacerse cargo de un pariente con Alzheimer, aunque sea un miembro querido de la familia. Me quito el sombrero ante vosotros dos.*

Otro compañero y su esposa, dos de las personas más disciplinadas que conozco, escribieron (éste es un extracto):

> *Hacerse cargo de tu padre será un verdadero desafío; alabamos vuestra fe y vuestra abnegación... la mayoría de la gente no estaría dispuesta a realizar este esfuerzo.*

¡No estaban bromeando!

Seis
El cuidado diario
de un adulto

Durante este periodo, empezamos con las responsabilidades *auténticas*; asuntos médicos y económicos. Primero, buscamos la forma de mantener a Mardig ocupado durante todo el día. En Milwaukee, estaba familiarizado con su barrio y podía dar paseos, ir de compras, ir al banco, etc. Aquí todas las cosas estaban desperdigadas y mi padre no conocía la zona. Le encantaba leer, así que le comprábamos el periódico. Lo leía, y también revistas y libros. Al cabo de varios días empezó a sentirse cada vez más inquieto. ¡Quería hacer *algo*! Hasta su casi ilimitado apetito de lectura había llegado a su nivel de saturación.

Empecé a pensar en cosas que pudiera hacer. Viviendo en una casa nueva, las posibilidades que tenía para hacer lo que más le gustaba, reparar cosas, eran limitadas. Teníamos un par de cables eléctricos en el exterior de la casa que nos estaban dando problemas. Le pregunté si querría arreglarlos. Dijo que sí y los reparó en una sola tarde. Pero no era suficiente para mantener su mente activa. Necesitaba más.

Se dedicó a buscar trabajo en el periódico. Le prometí que lo ayudaría a encontrar un empleo. Pensé seriamente en que trabajara en Wal-Mart, que suele contratar a jubilados. Mi padre era amable, simpático y educado. ¡Le encantaría! Mientras rumiaba las posibilidades de empleo que tenía, olvidé que estaba incapacitado. Aunque al principio eran ligeras, sus ocasionales pérdidas de orientación resultarían problemáticas en un empleo *de verdad*.

Pensé en otras posibilidades. Sally llevaba a veces a su padre al Centro de Día de Adultos de la Asociación de Enfermeras Visitantes (AEV), y lo recomendaba mucho. Mantenía la mente de su padre activa y le permitía socializar con otras personas. Al principio la idea no me gustaba. No le encontraba sentido. Son los padres los que llevan a sus *niños* a la guardería. No llevas tú a tus *padres* a la guardería. Al menos, eso era lo que yo pensaba (¡todavía tenía tanto que aprender!).

Como quiera que Sally me recomendó insistentemente que lo considerara, llamé para informarme. Roberta, la administradora de la AEN, me atendió al teléfono. Después de explicarle mi situación, me invitó a visitarles.

Al día siguiente y sin previo aviso, fui a ver cómo era el centro. Roberta no esperaba mi visita. Estaba ocupada con los familiares de una paciente que iba a dejar de acudir al centro a diario debido al empeoramiento de su salud. Su hijo y su nuera estaban en la oficina de Roberta, haciendo las gestiones correspondientes y despidiéndose de ella.

A pesar de todo, Roberta se las ingenió para atenderme un momento. Intentaba contener su tristeza al explicarme que, tras un breve periodo de tiempo, los pacientes se convertían en parte de su familia. No pudo evitar las lágrimas cuando se despedía de aquella mujer, con quien había desarrollado una relación muy estrecha. Se disculpó por sus lágrimas. Me sentí conmovida por aquella genuina expresión de cariño hacia la mujer, y volvería a conmoverme con los otros pacientes que estaba a punto de conocer. Aunque Mardig aún no era un paciente, pensé que algún día ella sentiría lo mismo por él, cuando ya no pudiera seguir asistiendo al Centro de Día de Adultos.

Mientras Roberta dividía su tiempo entre yo y aquella familia, yo observaba a los pacientes. No estaba preparada para lo que vi. No estaba acostumbrada a ver adultos *arrullados*. Vi que, sobre todo a los más ancianos se les daba el mismo trato tierno y compasivo que uno daría a un niño. Intenté aceptarlo, ya que ésta era una experiencia nueva para mí. Lo entendería mejor después, cuando Sally diera esa noche respuesta a mis preguntas. Necesitaba perspectiva sobre lo que había visto y sobre lo que sentía. *Además, ¡mis posibilidades eran más bien limitadas!*

Por otro lado, me sentía avergonzada. *El padre de Brenda va a ir a una guardería. ¿Qué pensarían los demás? Además, ¿qué clase de hija llevaría a su padre a una guardería? ¿Por qué no dejar que se quede en casa, donde ella podría cuidar de él? ¿Por qué dejar que otra persona se haga cargo de la responsabilidad? Éste es el dilema al que se enfrentan los padres y las madres trabajadores con niños pequeños.*

Y luego estaban esos otros pensamientos. *¿Cómo podría adaptarse mi padre? Él no estaba tan mal.*

Tras observar a los pacientes y conversar con Roberta durante un rato, mi sensación de vergüenza empezó a disolverse. Observé la ternura de los trabajadores del equipo hacia aquellas personas. Empecé a encontrar justificación a mis preocupaciones. *Por lo menos mi padre sería tratado con amabilidad. Se le trataría con gentileza. Recibiría la atención que requería; mucho más de la que mi sola persona podía darle.*

¿Pero podría recibir algún cuidado personalizado? Mardig no podía ir a un Centro de Día, ¡él quería trabajar!

Le pregunté a Roberta sobre la atención personalizada. Le expliqué que mi padre tenía una profunda necesidad de sentirse útil. Él no quería simplemente ayudar o ser un voluntario. Quería ir a trabajar y ganar algo de dinero. No estaba preparado para jubilarse.

Me preguntó qué edad tenía mi padre.

«Ochenta y seis», respondí.

Ella sonrió. Me explicó que su equipo ofrecía cuidado especial para cada uno de los pacientes. Si alguno quería ir a trabajar, el equipo no sólo apoyaba su deseo, sino que además le daba tareas que realizar. Si otro quería ir al colegio, apoyaba su deseo y le daba clases.

Yo estaba impresionada; «¿Realmente hacéis esto?», pregunté. ¡Y esto era sólo la punta del iceberg de todo lo que hacían! Las necesidades de mi padre eran mínimas comparadas con los pañales que tenían que cambiar a los pacientes con incontinencia, o con las frecuentes y complicadas dosis de medicamentos que tenían que administrar, o con otras muchas exigencias específicas que atender.

Roberta me dijo: «Así es, por supuesto. Si no, los pacientes no serían felices».

«¿Quieres decir que vas viendo lo que necesita cada uno, y luego te aplicas a satisfacerlo?».

«Sí, si alguien quiere ir a la escuela, va a la escuela. Si tu padre quiere ir a trabajar, irá a trabajar. Cada miembro de nuestro equipo hablará del "trabajo" cuando hable con tu padre», enfatizó.

Esto era realmente un valor añadido a su favor. Me gustó ese toque personal. Hablamos durante casi cuarenta y cinco minutos y conocí a otros miembros del equipo: Ellie, Tee, David y Kathy, y también a algunos pacientes.

Me fui haciendo a la idea de que aunque Mardig estuviera en mejor forma que otros pacientes, mantenerse activo sería importante para él. Además, yo tenía que ocuparme de mi trabajo. No podía cuidar de él las veinticuatro horas del día.

Le dije a Roberta que haría la prueba. Me dio unos impresos para rellenar y traerlos cuando volviera con mi padre.

En casa, discutí la idea con Mardig. Le dije que ir a aquel sitio (tuve mucho cuidado en no mencionar su nombre) sería como acudir a un trabajo. Sería como una preparación antes de asumir responsabilidades mayores. Estaba emocionado. Dijo que lo intentaría. Yo cumplimenté los impresos que Roberta me había dado.

Ahora tenía que enfrentarme a mi propia conciencia. Le había mentido a mi padre. Él no era tonto. Descubriría lo que era el Centro de Día y me preguntaría por qué lo había llevado a un lugar donde hacían manualidades, trabajillos menores, y en el que había continuos descansos.

Recordé las visitas que le hacía a mi padre a una fábrica del barrio donde él trabajaba por las mañanas. Tendría entre diez y trece años. Era durante el verano, cuando los niños buscaban cosas para hacer ya que la escuela estaba cerrada. Para visitarlo, caminaba más de un kilómetro, a veces sola y otras con mi hermana. Esperaba a que sonara la campana que señalaba el momento del descanso. Cuando no lo veía, lo buscaba bajo la tenue luz de la fábrica y me sorprendía ver que seguía trabajando. Por lo general, alguno de sus compañeros se daba cuenta de mi presencia y me preguntaba si quería ver a mi padre. Muy contenta, yo respondía que sí. Y él decía «¿Marty? Todavía está trabajando. Debería estar descansando pero sigue trabajando. Espera que ya te lo traigo».

Mientras esperaba, me inquietaba la reacción que mi padre pudiera tener, puesto que yo estaba interrumpiendo su trabajo. A veces, simplemente me acercaba hasta la máquina en la que estaba trabajando. Él entonces me miraba con una gran sonrisa y me decía: «¡Hola!, deja que termine con esto. Espérame fuera y yo saldré para conversar contigo» (esto ocurría antes de que las regulaciones de la

OSHA afectaran a su fábrica). Él salía y conversaba conmigo. Después de unos cinco minutos, antes de que la campana sonara llamando a volver al trabajo, me decía: «Tengo que volver a trabajar. Gracias por tu visita. ¿Te irás a casa ahora?». Yo me sentía un poco molesta porque él recortara mi breve visita para volver a trabajar antes de que su tiempo de descanso hubiera terminado. Después de todo, yo había caminado una distancia larga. Pero así era él.

Hablé con David sobre la mentira que le había contado a mi padre. ¿Qué pasaría si Mardig descubría el juego y se daba cuenta de que aquello no era un trabajo sino sólo un lugar para que socializara y se mantuviera activo? Además, él ya *trabajaba* en casa. Siempre estaba haciendo algo: desarmando un aparato, limpiándolo, volviéndolo a montar. Organizaba sus papeles, cuidaba de sus cuentas bancarias, ordenaba sus herramientas y arreglaba los exteriores de la casa. David y yo decidimos aprovechar la oportunidad.

Le vendrían bien las actividades y la socialización. Mardig había vivido como un ermitaño demasiado tiempo. Durante los últimos meses que permaneció en Milwaukee, pasaba gran parte del día en casa, arreglando cosas o intentando ordenar sus documentos, salvo las veces que fuimos de compras al supermercado o acudimos al banco. A pesar de todo, seguíamos incómodos por el hecho de mentirle. Esa noche no dormimos bien. Me preocupaba la reacción de Mardig. Yo no quería ofenderlo en absoluto, y lo más importante, no quería perder su confianza.

A la mañana siguiente Mardig se duchó, ante mi insistencia («Tienes que estar limpio para tu primer día de trabajo»), y se puso la ropa que le escogí. Le complacía todo el jaleo que armaba por él.

Dijo: «¡Ni siquiera Mamá (refiriéndose a mi madre) se liaba tanto por mí!». *Bueno, quizás ella no lo hiciera durante sus últimos años de vida, pero ciertamente sí lo había hecho cuando él trabajaba. Sin lugar a dudas él era el maquinista más limpio y el mejor vestido de General Electric, su trabajo a tiempo completo en el turno de tarde. Se duchaba dos veces al día y mi madre siempre se aseguraba de que se pusiera ropa limpia y bien planchada para acudir al trabajo cada día.*

Desayunamos y bromeamos sobre su primer día en el nuevo empleo. Tomándole el pelo, le dije que fuera bueno, que no quería recibir ninguna queja de sus supervisores. Él dijo que me haría sentir orgullosa, porque sabía que mi reputación dependía de cómo le fuera en ese trabajo. Me complacía verle ilusionado con su nuevo trabajo, aunque por dentro yo sabía que le había mentido.

Lo llevé en el coche hasta el *trabajo* y el equipo lo recibió cariñosamente. Tras preguntarle cómo le gustaba el café, un miembro del equipo le ofreció, sonriente, una taza con abundante crema y azúcar. Él no era el típico bebedor de café, pero le gustaba el sabor dulce y cremoso. Se le veía contento con la cálida recepción. Yo le pasé la documentación cumplimentada a Roberta y ella me aseguró que no había de qué preocuparse. «Cuidaremos bien de tu padre», terció otro miembro del equipo.

Volví a casa, a la paz y al silencio interrumpido. Inmediatamente me puse a trabajar. Pero pronto reaparecieron las preocupaciones. Después de hora y media haciéndome preguntas, e incapaz de concentrarme en mi trabajo, llamé para preguntar qué tal le iba a mi padre. La persona del equipo que me contestó me dijo que le estaba yendo muy bien. Añadió que estaba teniendo éxito entre las señoras. *¡Aquella era una parte de mi padre que yo desconocía!* Empecé a calmarme al saber que se estaba adaptando bien. Me sentía feliz por él. Pero todavía me preocupaba un poco lo que me diría cuando fuera a recogerlo por la tarde. Como Mardig es muy diplomático, quizás no dijera nada mientras estaba en el *trabajo*. Esperaría a que yo llegara.

Esa tarde fui a recoger a Mardig. Se le veía feliz y de buen humor. Los miembros del equipo me contaron lo bien que lo habían pasado con él y preguntaron si lo volvería a traer al día siguiente. Les dije que me gustaría, pero que antes quería ver cuál sería su reacción en casa.

Por el camino, Mardig me contó lo mucho que había disfrutado con las cosas que había hecho: que si a *eso* se le llamaba trabajo, las cosas habían cambiado mucho desde la época en la que él trabajaba en General Electric. *¡No había descubierto el juego!*

Más tarde, cuando llegó David, Mardig le dijo lo mismo. Nos sentíamos contentos. Esto significaba que estaría rodeado de gente, ocupado en una diversidad de actividades, con salidas a pasear y, lo más importante, supervisado por un personal muy afectuoso.

En gran medida, esta rutina funcionó bien. Mardig disfrutaba del Centro de Día y de las actividades que le ofrecía. Me contaron que le gustaba especialmente bailar con las señoras. Considerando que había más mujeres que hombres en el centro, cambiaba a menudo de pareja de baile. Como mantenía tan buena forma física, bailaba cada pieza, agotando a parejas que eran bastante más jóvenes que él. Me sentía feliz por él.

Cada tarde, al recogerlo, el equipo me explicaba el trabajo que había realizado ese día. A veces, Mardig traía a casa alguna cosa que había elaborado. No le daba mucha importancia y lo dejaba a un lado, pero yo lo atesoraba como una madre orgullosa. Después de todo, ¡lo había hecho mi padre!

Mardig daba muchas vueltas por el Centro de Día, igual que lo había hecho en casa. Algunas veces andaba tan a su aire, que era un desafío para el equipo, particularmente cuando se negaba a volver después de un paseo por la calle. Una vez, estando yo de viaje, se negó a volver. El personal tuvo que llamar a David al trabajo para que los ayudara. De inmediato, David salió del trabajo y condujo las dos horas que separaban su trabajo del Centro de Día para llevar a Mardig a casa.

A pesar de las dificultades, el centro le proporcionó a mi padre muchas oportunidades para relacionarse socialmente, para mantenerse activo, para pensar, sonreír, y hacer todas las cosas que él merecía.

Contando con su asistencia al centro, pensé que ya podía prever cierta rutina en el horario de Mardig. Cuando volvíamos a casa, él recogía la correspondencia y leía la prensa hasta que llegaba David, sobre las 6:00 de la tarde. Luego cenábamos. Charlábamos un rato, leíamos o veíamos la televisión. Mardig prefería irse temprano a la cama, hacia las 8:30. David y yo seguíamos levantados, haciendo tareas domésticas o revisando la correspondencia.

Empecé a adaptarme al horario de mi padre. David se levantaba a las 4:15 para afrontar el largo recorrido hasta Los Ángeles. Yo, una hora después, para trabajar un poco antes de que mi padre se despertara. A veces Mardig se levantaba antes e iba a mi despacho para charlar. Yo solía animarlo a que volviera a la cama, para que estuviera descansado para ir a trabajar. Por lo general me hacía caso. Entonces yo seguía con mi trabajo hasta las 6:30, hora en que iba a su habitación a despertarlo.

A medida que pasaban las semanas, Mardig empezó a negarse a volver a la cama cuando se despertaba muy temprano. Entraba en mi despacho, completamente vestido y listo para ir a *trabajar*. Cada mañana, yo intentaba convencerlo para que volviera a acostarse, pero no lo hacía. Yo no sabía qué hacer.

Una mañana cerré la puerta de mi despacho, esperando que él no se fijara en mí: así fue, esa mañana no me interrumpió. Lo oí dar vueltas, abrir la nevera y luego volver a su habitación. Me levanté de mi silla, abrí despacio la puerta y fui por el pasillo hasta su habitación. De puntillas fui a la cocina para ver si había cerrado bien la puerta de la nevera. Todo parecía estar en orden. Vi un envoltorio de caramelo sobre la repisa y también que faltaban caramelos del bote de dulces.

De puntillas otra vez, fui a su habitación. Había dejado su puerta ligeramente entreabierta. Por la estrecha abertura, vi que estaba sentado en la mecedora, de espaldas a mí. No estaba segura de si dormía o no. La curiosidad pudo más, así que abrí la puerta, sin saber si crujiría y él me oiría. No se dio cuenta. Como no oía bien, pude deslizarme hasta su lado. Tenía los ojos cerrados. Tres papeles arrugados de caramelos estaban tirados en el suelo, y uno de los libros de ingeniería de David en su regazo. En una de las estanterías de libros, pude ver un vaso de leche a medio beber. Me hubiera gustado despertarle y llevarle a la cama, donde estaría más cómodo, pero dejé que se quedara allí. Volví a mi despacho y cerré la puerta.

Pensé en lo que, probablemente, le dolerían después la cabeza y el cuello por la postura de la silla. Él nunca se quejaba. Al cabo de un par de horas, llamó a mi puerta. Dejé lo que estaba haciendo para preparar el desayuno. Charlamos hasta que llegó la hora de ir al *trabajo*.

Hice lo mismo al día siguiente. Funcionó. Lo volví a hacer. Funcionó. Se suele decir, si algo funciona, no lo cambies.

A veces conseguía trabajar hasta hora y media antes de que Mardig llamara a mi puerta. Era muy educado. Casi siempre llamaba a la puerta antes de entrar.

Al principio, lo ayudaba a ducharse y a vestirse alguna que otra mañana, lo cual era todo un problema en sí mismo. Luego preparaba el desayuno y lo llevaba al Centro de Día.

Nuestro ritual diurno, evidentemente, no siempre iba sobre ruedas.

Siete
«¿Dónde están mis zapatos?»*

Vivir con otras personas puede ser complicado. David y yo pedimos a nuestros invitados que se quiten los zapatos y los dejen en la entrada antes de pasar dentro de la casa. Así, las alfombras se mantienen limpias más tiempo, y si nos apetece sentarnos o estirarnos en el suelo, no tenemos que preocuparnos por la suciedad que se podría traer de la calle. Pero Mardig, que era producto de los años de la depresión, consideraba que *un hombre no puede estar sin zapatos*.

Pues muy bien, le compramos unas zapatillas de ante. Pero no le bastaban. Él estaba acostumbrado a llevar gruesos zapatos de cuero de suelas duras. Así que, empezaron las discusiones...

«Mardig, por favor, no andes con zapatos por la casa».

«¿Por qué?».

«Porque dentro de esta casa nadie anda con zapatos. Así la alfombra se mantiene más limpia».

«Mis zapatos no están sucios, ¿ves?», decía mientras mostraba las suelas de sus zapatos para avalar su punto de vista.

---

* «Where's my shoes?», es una frase incorrecta, muy repetida por Mardig y que en original inglés ha sido recogida con la falta de concordancia. En este libro se traduce correctamente para evitar confusiones.

«Sí, ya lo veo. Pero tú no sabes lo que han pisado. A nosotros nos gusta sentarnos y tumbarnos en el suelo sin tener que preocuparnos por los gérmenes».

Mardig no era el tipo de persona a quien le preocuparan los gérmenes. «Un germencillo no hace daño a nadie», bromeaba con mi madre cuando ella le pedía que se lavara las manos.

Volvíamos sobre lo mismo una y otra vez. David y yo nos dimos cuenta de que aquello no iría a ninguna parte.

¿Cuál era el problema? Todo lo que había que hacer era mandar a limpiar las alfombras. Ah, pero eso implicaba llamar a alguien, reservar un tiempo para que viniera y limpiara, mover los muebles, colocar pequeños protectores en las patas de las mesas, las sillas, los sofás, los armarios, etc., esperar a que las alfombras secaran... ¡No teníamos tiempo para eso! ¡Mi padre tendría que cooperar aunque sólo fuera en esto!

Había que diseñar un plan. Esperaríamos a que Mardig se quitara los zapatos antes de irse a dormir. Entonces los esconderíamos. Sólo se los devolveríamos cuando tuviera que salir a la calle.

Cuando Mardig se fue a dormir aquella noche, entramos a darle las buenas noches, y luego, discretamente, nos agachamos, sacamos sus zapatos de debajo de su cama, donde los había dejado bien alineados, y salimos rápidamente, sin saber si se habría dado cuenta de la maniobra.

Por la noche Mardig se despertó, se vistió y no pudo encontrar sus zapatos. Vino a nuestra habitación. Y empezó a pronunciar... esas cuatro palabras que llegarían a sonar terroríficas en nuestras cabezas: «*¿Dónde están mis zapatos?*».

«*¿*Por qué...? ¿Los necesitas?».

«Sí. Tengo que ir a trabajar».

«¿En *este* momento?».

«No quiero llegar tarde».

«No llegarás tarde. Vas por lo menos con seis horas de adelanto».

«¿Sí?».

«Sí. No empiezas a trabajar hasta las 8:00».

«¿Qué hora es?».

«Es la 1:30 de la mañana».

«Ah, bien, entonces, *¿dónde están mis zapatos?* No quiero llegar tarde».

Como a David le quedaban apenas tres horas de sueño, antes de que tuviera que levantarse para conducir durante dos horas, me levanté y llevé a Mardig a su habitación para persuadirlo de que volviera a dormir. Tras pasar media hora prometiendo que lo despertaría a tiempo, para que no llegara tarde al *trabajo*, Mardig se desvistió y se volvió a dormir.

Bien, lo habíamos conseguido. Y ni siquiera habíamos tenido que decirle dónde estaban sus zapatos.

A las tres de la mañana siguiente, escuché: «*¿Dónde están mis zapatos?*».

Estaba profundamente dormida y desperté oyendo a David hablar con mi padre en nuestra habitación.

A partir de entonces, éste fue el nuevo, *y el más madrugador,* de los rituales de las mañanas. Mardig se despertaba a cualquier hora de la noche y vagaba por la casa buscando a alguien... a cualquiera. Finalmente se encaminaba a nuestra habitación. Despertábamos al oír sus pasos. Los padres conocen bien la sensación de poder oír los más leves sonidos que hacen sus hijos. La situación no era diferente para nosotros. Habíamos decidido *adoptar* a mi padre y asumir el rol de padres.

Algunas mañanas entraba en nuestra habitación y encendía la luz. Tras habernos sorprendido con el súbito brillo de la luz varias madrugadas seguidas, desconectamos el interruptor. *¡Incluso el sol se toma su tiempo hasta brillar del todo por las mañanas!*

Anteriormente, Mardig usaba una linterna. Pero la había desarmado y vuelto a armar ya tantas veces, que algunas de sus piezas se habían perdido. Menos mal, porque tener la luz de la linterna encima de la cara a tempranas horas de la mañana no era precisamente un placer.

Como sin luz no veía, Mardig se orientaba pasando los dedos por las paredes, por los muebles, sobre cualquier cosa. A medida que se acercaba a nuestra cama, fingíamos, incluso si pasaba las manos por encima de nuestra cama y de nuestros cuerpos. Era una sensación muy extraña. *Aquí está el padre de Brenda, toqueteando a su marido y a ella en la cama.* Esperábamos que Mardig no encontrara nada ni a nadie y se volviera a la cama. Pero no era así. Se asustaba y empezaba a llamarnos por nuestros nombres. Y nosotros nos compadecíamos. Nos levantábamos y le rogábamos que volviera a dormir. *¿Es esto distinto de cuidar de un niño aterrorizado?*

Semanas después, terriblemente extenuados, hablé con Sally. Ella estaba de suerte. Su padre no andaba dando vueltas como Mardig. Me recomendó que cerrara la puerta de nuestra habitación con llave. David y yo preferíamos dormir con la puerta abierta. Pero teníamos que adaptarnos. No sólo teníamos que cerrarla, sino que además teníamos que echar la llave. *¿Pero qué pasaría con mi padre?, ¿esta prueba no sería traumática para él?* Cuando le hice estas observaciones, Sally me recordó que David y yo estábamos quedándonos sin energías porque dormíamos muy poco. Me aseguró que nuestros oídos captarían los sonidos importantes y que quizás esa fuese la forma de desanimar a Mardig de andar despierto por la noche.

Lo intentamos. No dormimos bien la primera noche porque estábamos preocupados por lo que Mardig pudiera hacer. Mardig durmió toda la noche, y sólo se movió para ir al baño.

La segunda noche intentó abrir la puerta de nuestra habitación. Forcejeó con el picaporte. Como no se abrió, le oímos alejarse. Justo cuando nos estábamos volviendo a dormir, oímos el ruido del picaporte otra vez. No pudimos dormir durante toda la noche por el forcejeo continuo del picaporte. Permanecimos en silencio y a salvo al otro lado de la puerta, sintiéndonos *mal* por escondernos de mi padre y contribuir a su inquietud.

Infortunadamente, eso fue lo que hubo que hacer por el bien de nuestra salud y de nuestro descanso. *Pero, ¿realmente estábamos consiguiendo descansar?* Le oíamos ir hacia el salón. Al día siguiente lo encontramos durmiendo en el sillón. Llevaba puesta una chaqueta, el pijama y las zapatillas. Se le veía tan inocente, tan pacífico, como un niño. Sentí pena por él, pues había perdido la noción del tiempo.

Otras noches oíamos el crujido de la puerta de la calle, como si él intentara salir. Teníamos puertas de seguridad que cerrábamos con llave. Mardig no podría salir. Después de intentarlo un rato, volvía a forcejear con el picaporte de nuestra habitación.

Una noche oímos ruidos en el trastero. No estábamos seguros de lo que oíamos, así que, a pesar del agotamiento, me levanté y con sigilo abrí la puerta de nuestra habitación para ver qué pasaba. ¡Estaba tratando de quitar las bisagras de la puerta del garaje! Me acerqué un poco más para ver qué tipo de *herramientas* estaba utilizando: tijeras, cortaúñas y un trozo de madera.

Esas expediciones nocturnas nos estaban consumiendo. Pero también nuestra conciencia nos impedía dormir profundamente.

Ésa no era manera de tratar a otro ser humano. *Los niños dejan atrás esta fase y aprenden a dormir toda la noche. Con el Alzheimer no hay crecimiento, sólo hay declive.* Intentamos racionalizar nuestro comportamiento. Nada funcionaba. Sabíamos que no nos estábamos comportando de la manera más afectuosa. Un padre o una madre se levantarían para consolar a su hijo o a su hija. No obstante, tratar de ignorarlo sabiendo que no corría peligro, era la única forma de contenerlo.

«¿Qué quieres decir?». David intentaba demorar la respuesta ante la pregunta de mi padre.

«Alguien se ha llevado mis zapatos», aclaraba Mardig.

«Los tenemos nosotros», me adelanté, optando por ser honesta.

«¿Por qué?».

«Porque no queremos que los lleves puestos en casa», respondí.

«¿Por qué cogéis mis zapatos?», insistió mi padre.

«Porque los usas en casa», respondió David con firmeza.

«¿Dónde están mis zapatos?».

«Los tenemos nosotros», dije.

«Son *mis* zapatos», enfatizó.

«Sí, ya sé que son tuyos. Y te los daré cuando tengas que salir de la casa», añadí.

«¡Me voy *ahora*!».

«¿A las tres de la mañana?», le preguntó David.

«Eso no importa. Quiero *mis* zapatos».

Esa noche, después de la cena, nos sorprendió la reacción de Mardig. Se le veía verdaderamente confundido y luego habló despacio, como si estuviera pensando en voz alta. «Fíjate, me quito los zapatos, los dejo debajo de mi cama, y luego, desaparecen. ¿Sabéis dónde están?».

«Sí, los tenemos nosotros».

«¿Los tenéis *vosotros*?», preguntó sorprendido.

«Sí».

Se rio y después añadió: «¿Para qué necesitáis *vosotros* mis zapatos?».

No sabíamos si estaba siendo diplomático y estaba bromeando con nosotros, o si sentía curiosidad auténtica. Era difícil saber si era él o su enfermedad quien hablaba.

Por las mañanas y por las tardes, cada día, mi padre preguntaba «¿Dónde están mis zapatos?». Esas cuatro palabras, reiteradas con tanta frecuencia y a horas tan inoportunas, causaban una terrible agonía en David y en mí.

Incluso tuvimos que salir a buscarlos. Mardig lo captó relativamente rápido ¡y empezó a escondernos sus zapatos! Era una desafío ver quién de nosotros podría esconderle los zapatos de Mardig al otro. La primera vez, los empujó más adentro, debajo de su cama. Los encontramos y los recogimos. Otra vez estaban metidos entre la mecedora y la estantería. Nos llevó más tiempo, pero finalmente los encontramos y los recogimos. Luego aparecieron en el armario. Tardamos un rato, pero los encontramos... detrás de unas cajas en el armario... ¡detrás de las puertas de la estantería! (para localizar este último escondrijo tuvimos que ir varias veces a su habitación, y mientras uno distraía a Mardig, el otro buscaba). En otra ocasión los colocó en un lugar evidente. El problema fue que nos pasamos dos horas buscando por toda la casa hasta que nos dimos cuenta. Había dejado sus zapatos junto al respiradero, el lugar donde se los había quitado horas antes. *Pero, espera un momento... ¡nos había engañado! ¡Los zapatos de David habían desparecido!*

Hablando con otros descubrimos que suele haber un comportamiento que realmente irrita a los cuidadores; mejor dicho, que realmente hace añicos los nervios del cuidador. Para cada uno de nosotros es una cosa distinta.

Mardig solía dejar los palillos de dientes por todas partes: en la repisa del baño, en las estanterías de los libros, metidos entre los libros, en el equipo de música, en la repisa de la cocina, en la ranura del disco duro del ordenador, y en un sillón (lo descubrimos al sentarnos sobre él). Podíamos soportar esa costumbre. Incluso los chicles que dejaba pegados en la cabecera de su cama, o en la torre del ordenador, nos resultaban soportables. Ninguna de esas cosas nos llegó a agobiar tanto como aquella incesante pregunta: «¿Dónde están mis zapatos?».

Habíamos optado por asumir esta responsabilidad. No podíamos tener remordimientos.

Ocho
Exámenes médicos
y estudios farmacológicos

Enseguida decidí que era urgente realizar un chequeo médico a Mardig. Roberta y otro miembro del equipo me recomendaron encarecidamente que acudiera al Centro de Investigación y Análisis Geriátrico (CIAG) del Hospital municipal de Granada Hills. Llamé y dejé un mensaje. Cuando una mujer llamada Bert me devolvió la llamada, le expresé mi deseo de que sus especialistas examinaran el estado de salud de mi padre antes de que yo partiera de viaje por asuntos de trabajo. Le expliqué que acabábamos de traer a Mardig a vivir a California y quería asegurarme de que no tuviera problemas de salud urgentes. Me dieron cita para una semana después.

Marlene Harrison, directora del CIAG, me llamó al cabo de unos días para hacerme algunas preguntas como parte de una evaluación previa. Me sentí un poco incómoda contestando a preguntas de orden médico en nombre de mi padre. Era difícil acostumbrarse a ser el responsable de otro adulto; de uno cuyo historial médico se empezaba a desplegar ante mis ojos.

Después de conducir una hora hasta San Fernando Valley (al norte de Los Ángeles), y tras firmar un montón de documentos, encontré que el personal del CIAG se mostraba cálido y atento con mi padre. Él estaba encantado con el trato. Se veía que el personal del CIAG sabía lo que hacía y confié en que mi padre recibiría una evaluación adecuada.

Durante dos horas y media examinaron sus signos vitales (presión sanguínea, pulso, temperatura, altura, peso). Le tomaron muestras de sangre y orina, y también le hicieron un test psicológico para evaluar su sentido de alerta y su memoria. También lo examinó el doctor Weinberg, un neurólogo especializado en demencias. Durante las dos visitas siguientes Mardig pasó por todos los exámenes imaginables. Entre otros un examen de rayos X de tórax (éste era un examen de rutina, puesto que no tenía ninguno reciente en su expediente médico), un electroencefalograma y un electrocardiograma.

También le hicieron una de evaluaciones orales más completas que yo haya visto: fue una prueba de habla, lenguaje, cognición y memoria. Marlys Meckler fue incluso más allá de su función como especialista de patologías del lenguaje, y me dio muchos consejos útiles para el cuidado de mi padre.

Por ejemplo, sugirió que David y yo etiquetáramos cada una de las puertas de la casa para facilitarle la orientación a mi padre. En el ordenador, hicimos grandes etiquetas con letras de diez centímetros y las pegamos en cada puerta: CALLE, HABITACIÓN DE MARDIG, DESPACHO DE BRENDA, HABITACIÓN DE DAVID Y BRENDA, PUERTA DEL GARAJE. Marlys también sugirió que diésemos palmaditas suaves a Mardig y utilizáramos el contacto visual para llamar su atención. Nos recomendó que le hiciéramos usar su audífono (nos explicó cómo usarlo). También dijo que mostrarle fotos de la familia le ayudaría a orientarse (llenamos un álbum de fotos). Con respecto a las salidas a la calle, Marlys sugirió que no le avisáramos hasta muy poco antes de tener que salir. Finalmente, nos recomendó que dividiéramos las actividades en pequeños pasos: «Ponte la camisa». «Aquí están tus pantalones». «Ponte la chaqueta». «No te olvides de las gafas».

Mardig estaba encantado con toda la atención que estaba recibiendo. Mientras volvíamos a casa, me decía que era muy afortunado puesto que yo estaba pasando por todas aquellas molestias sólo por él.

Durante una de nuestras primeras visitas al CIAG, el doctor Weinberg (un hombre de suaves maneras y de amable voz) recomendó que lleváramos a Mardig a un podólogo para que examinara la infección de hongos que afectaba los dedos y las uñas de sus pies; también dijo que le haría un examen de la vista antes de que el Alzheimer avanzara demasiado y Mardig no pudiera comunicar la calidad de las imágenes que veía en un examen de este tipo (por ejemplo, «¿Cuál ves mejor, ésta o ésta?»); y dijo que fuera a un dermatólogo para que revisara las heridas que le descubrimos en la piel cuando se rascaba las piernas. Pedí esas citas en cuanto volví de mi viaje de trabajo. Además, pedí hora en el dentista. En menos de un mes Mardig pasó por las manos de buen número de médicos y especialistas.

Cuando le pregunté a Marlene por los resultados de las pruebas, me explicó que en el CIAG utilizaban el concepto de equipo por el que una enfermera especializada en geriatría, un médico, el psicólogo, el farmacéutico y otro personal afín se reunían para discutir el caso de cada paciente. De esta reunión salía un informe completo. En estos tiempos de cuidados en cadena (no cuando tienes que esperar sino cuando te examina el médico) me sorprendió ver el tiempo que le dedicaron a mi padre.

Cuando todo hubo terminado, recibí unas veinte páginas de informes, impresas a un solo espacio, y un resumen de la situación de Mardig que incluía su historial clínico, un historial familiar y social, los exámenes físicos y neurológicos y comentarios generales. Estaba impresionada. Por lo menos sabíamos que la salud de Mardig era buena y que no había asuntos urgentes de salud que requirieran cuidado inmediato.

Cada vez que recorría con mi padre los 84 kilómetros que conducían al CIAG, me sentía como la madre de un niño. Era sorprendente. Había llevado a Mardig al médico con más frecuencia de la que yo misma había ido. Quería asegurarme de que cada detalle de su salud quedara examinado y registrado.

Sólo tres meses después de que Mardig llegara a California, en diciembre de 1996, decidimos enrolarle en un tratamiento farmacológico experimental. La FDA[4] acababa de aprobar el uso del clorhidrato donepezil (Aricept®), pero seguía en fase de investigación para obtener información adicional sobre su efectividad. Todos los participantes en el estudio recibirían dosis de cinco o diez miligramos del fármaco.

David y yo hablamos con el doctor Jacobs, que era el médico que dirigía aquel estudio, y con el doctor Weinberg, el que inicialmente había examinado a Mardig. Les hicimos muchas preguntas sobre el Aricept® y leímos todo lo que encontramos sobre esta sustancia.

Para ser aceptado en este estudio, Mardig tenía que pasar varias pruebas. Pedimos una cita para que pasara por una revisión inicial (un examen orgánico y mental) y por una prueba física. Superadas estas pruebas, tomamos una cita para que le hicieran su examen preliminar.

---

[4] *Food and Drug Administration*, es el organismo encargado de aprobar el uso de medicamentos y de vigilar la seguridad alimentaria (n. del t.).

Quisimos que Mardig participara en aquel estudio farmacológico por dos razones. Primero, porque el fármaco tal vez podría mejorar su salud. En las semanas precedentes su estado se había ido deteriorando y nosotros esperábamos que pudiera mejorar lo suficiente para administrar sus propios asuntos. Sus asuntos económicos tomaban mucho más tiempo del que hubiéramos imaginado. *¡Quizás incluso hasta pudiera volver a su casa!* Realmente esa era nuestra fantasía. Kim Wilms, el coordinador del estudio farmacológico, nos aseguró que nunca se había documentado una mejoría semejante.

Segundo, porque el estudio con el Aricept® lo mantendría bajo la intensa vigilancia de un médico. Esto ciertamente era una ventaja para la calidad de su cuidado, puesto que Pfizer y Eisai, los dos laboratorios farmacéuticos que subvencionaban la investigación, así como el FDA, tenían que cumplir exigencias especiales.

Hice más preguntas al doctor Jacobs, un médico inusualmente vestido, porque quería asegurarme de que había tomado la decisión correcta para el bien de mi padre. Me llevó tiempo acostumbrarme a ver a un médico con aspecto de vaquero: llevaba una camisa de algodón con el botón del cuello desabrochado, pantalones vaqueros ajustados con un cinturón de hebilla ancha, y botas de vaquero. Luego me enteré de que este serio y sabio doctor iba y venía al trabajo en moto. *¡Mi padre está a punto de someterse a un tratamiento farmacológico con un vaquero que monta en motocicleta!*

Mardig no pareció impresionarse por la vestimenta del doctor Jacobs; nunca dijo una palabra al respecto. Firmé el contrato del estudio y accedí a enviar los informes sobre el estado de Mardig al CIAG.

El 18 de diciembre empecé a llevar un diario sobre Mardig para el estudio. Apuntaba notas siempre que podía. Esto duró algo más de un mes.

Lo que sigue es, en esencia, mi diario (tal como lo escribí).

Miércoles, 18 de diciembre de 1996

Llevé a Mardig al CIAG. Ocurrió algo curioso durante su examen psicológico. Le pidieron que mencionara tantas palabras como pudiera que empezaran con *s*. La primera palabra de Mardig fue *sexo*. En contraste con su situación, el número de palabras de tres sílabas que pronunció sin esfuerzo demuestra que todos los años que ha pasado leyendo no han sido en vano. Ha sido aceptado en el estudio farmacológico. Tomó su primera pastilla (5 mg) a las 5:10 p.m., mientras aún estábamos en el CIAG.

Cenamos en el norte de Hollywood (para celebrarlo y evitar el tráfico volver a casa). Al ver el nombre de *Hollywood* en la placa de la calle, Mardig no podía creer que *Hollywood* estuviera en Chicago. Sugirió que pasáramos la noche en un hotel. Después de la cena, no quería ir en coche tanto tiempo (probablemente creía que estábamos muy lejos). Llegamos a casa a las 10 de la noche... sorprendido al ver que todas sus cosas seguían aquí... de cómo todo parecía igual. Se quería marchar... se puso antipático... dijo cosas desagradables.

Jueves, 19 de diciembre de 1996

8:00 a.m. Habla sobre la horrible pesadilla que tuvo anoche.

Viernes, 20 de diciembre de 1996

Irritado... vino a mi despacho dos veces en menos de cinco minutos preguntando dónde podrían cortarle el pelo. No podía oír mi respuesta. No quiere usar audífono. Quería zapatos.

Sábado, 21 de diciembre de 1996

Agitado. Incidente porque anda con zapatos por la casa y se niega a quitárselos.

Salió al patio trasero... ¿buscaba algo? Volvió a entrar y luego salió por segunda vez ¡y desapareció! David cogió su teléfono móvil y se fue a pie a buscarlo. Lo siguió a distancia durante cuarenta minutos... Mardig preguntaba a los extraños dónde vivía... y trataba de evadir a David.

Yo salí después con el coche y recogí a David. Conduciendo junto a Mardig que caminaba, tratamos de convencerlo de que subiera al coche. Se negó. Nos detuvimos un momento y luego empezamos a perder la paciencia, mientras volvíamos a seguirlo a distancia. Cuando llegó a la calle de mayor tráfico decidimos usar la fuerza, si era necesario, para que entrara en el coche. Nos preocupaba que anduviese solo por una calle con tráfico. Con la adrenalina disparada, aparqué el coche en la acera derecha de una vía de seis carriles. Como tutora legal de Mardig, le dije a David que hiciera lo que fuera necesario para meterlo en el coche: no quería que luego denunciaran a un yerno por usar la fuerza. *Sería como un secuestro. Lo hemos visto por la televisión, cuando una camioneta avanza junto a una vereda, sale una persona y secuestra a un niño, y luego la camioneta huye a toda velocidad.* Estábamos asustados, temblando, pensando en qué haríamos si alguien nos viera y se metiera enmedio. Teníamos que actuar rápido.

Nos pusimos cada uno a un lado de Mardig, lo levantamos por los brazos y así lo llevamos algunos metros hasta el coche, mientras él pataleaba y gritaba. Le giré para que me mirara e intenté empujarlo al asiento trasero del coche. Pero él no bajaba la cabeza. Recordando algo que había visto en la tele, traté de que se inclinara haciendo presión en su estómago. Funcionó, se inclinó pero decía a voces que su cabeza topaba con el coche. No era cierto, mi mano le protegía la cabeza y no llegaba a tocar el techo.

Una vez dentro del coche, le pedí a David que se sentara atrás con él. Conduje mientras Mardig despotricaba y gritaba que el secuestro es un delito y que haría que nos arrestasen por haberlo raptado. Le dije que lo hacíamos por su propio bien, que lo llevaría a la comisaría de policía para que denunciase si es que realmente creía que estábamos haciendo algo malo. Se siguió quejando, por lo que conduje hasta la comisaría y le pregunté si quería bajar para hacer la denuncia. Dudó. Me ofrecí a acompañarlo para entrar. Él se negó a entrar. Dijo que nos metería en problemas y que él no quería hacernos daño. ¡*Ufff!*

Tras meter el coche en el garaje y cerrar la puerta, tuve que engatusarlo para que entrara en la casa. Le preocupaba perder la cara si volvía a entrar en la casa. David, extenuado por toda aquella experiencia, ya se había metido dentro. Traté de convencer a mi padre. Más tarde, y ante tanta insistencia, entró, tomó unos bocados y luego jugó al *backgammon*. Supe que las cosas mejorarían cuando dijo: «¡Mi cerebro es demasiado pequeño para aprender un juego tan complicado!».

Domingo, 22 de diciembre de 1996

Algunos caprichos y aparente depresión. Se queda en su habitación. Le llevamos el periódico y chocolate caliente. Luego salió y nos ayudó a preparar el desayuno friendo el beicon. Hablamos de dinero después de desayunar... él quería mantener el estado de sus cuentas en secreto... «Sólo tú y yo tenemos que saberlo», me dijo. Insistió en buscar su cartera antes de que saliéramos de compras. Buscamos durante veinte minutos. Acabó por olvidar lo que buscaba.

Lunes, 23 de diciembre de 1996 (notas de David)

Molesto por la pulsera de Alzheimer. Intenta quitársela a cada rato. No deja de decir que le han quitado sus zapatos. Por la noche parece deprimido.

Miércoles, 25 de diciembre de 1996 (notas de David)

Se levantó. Quiere sus zapatos para poder ir al trabajo. Insiste una y otra vez en que tiene que salir. Quiere irse en pijama. Estuvo muy irritado antes de que saliéramos por la mañana. Llevamos a un amigo al aeropuerto de Burbank y luego fuimos a Oxnard para ver el océano y caminar por la playa. Estuvo agradable el resto del día. Por la noche abrimos regalos, mientras Brenda y yo nos turnábamos para grabarlo todo en vídeo. Después miramos el vídeo del día de Acción de Gracias en Las Vegas, el de nuestro día en Oxnard junto al océano y el de todos nosotros abriendo regalos. ¡Se reconoció a sí mismo en la tele!

Jueves, 26 de diciembre de 1996 (notas de David)

Comió caramelos a las 5:30 a.m. Encontré la bolsa tirada en medio del salón. Terco, quería salir de una vez e ir al trabajo. Insistió todo el tiempo en salir de casa. Lo llevé al Centro de Día a las 8:15 de la mañana.

No quiso cenar cuando volvimos a casa. Se fue a la cama a las 6:30 p.m.: quería estar listo para el día siguiente.

(Notas de Brenda)

Despertó a las 10:40 p.m. y quería saber a qué hora saldríamos... desorientado, sin saber qué hora era... pensó que era de día... perdió su cuchilla de afeitar... estaba escondida en el armario... no se creía que lo hubiera hecho él. Quería guardar las cosas con llave para que «no se las lleven ni las usen».

Viernes, 27 de diciembre de 1996 (notas de David)

Colaborador por la mañana. Fuimos al dermatólogo. Parecía nervioso. Se quitó el audífono antes de que el médico entrara. Pidió al médico que hablara alto para que no perdiéramos el dinero de la visita (¿?).

Sábado, 28 de diciembre de 1996 (notas de David)

Despertamos al oír que estaba tratando de salir. Primera pregunta de la mañana: «¿Dónde están mis zapatos?». Después de convencerlo de que no tenía que ir a ningún sitio, se calmó. Persuadirlo nos llevó hora y media. Salimos a dar un paseo de cinco kilómetros por la tarde. Estuvo colaborador. Parece que su capacidad cognitiva está mejorando. Cuando le pregunté, recordó que había tenido tres hijos, sabía que su casa estaba en Milwaukee, sabía la dirección de mi hermana, y enumeró estas cosas sin sombra de duda. Recordaba esas cosas a pesar de estar un poco irritado. Podría ser que recordase esas cosas precisamente porque estaba mentalmente alerta por alguna razón (en sus días altos y bajos), o que el medicamento estaba funcionando. También tuvo un grave episodio de *síndrome del atardecer*. Insistía en que tenía que ir a casa y no entendía que ésta fuera su casa. Finalmente cedió, pero se deprimió un poco, pues empezó a darse cuenta de que estaba tan confundido que no sabía dónde se hallaba. Su capacidad cognitiva parece mejorar: ha descubierto cómo abrir la puerta grande del garaje (apretando el botón que hay en un lado de la puerta). También ha descubierto cómo salir al patio trasero: creemos que ha roto el pestillo de la puerta. Quizás lo esté interpretando, pero éstas son las cosas que son diferentes.

Domingo, 29 de diciembre de 1996 (notas de David)

Leyó el periódico dominical.

Lunes, 30 de diciembre de 1996

Muy colaborador. Parece que el Aricept® funciona. Le han sacado tres dientes (por una infección y una lesión en el nervio) a eso de las 3:00 de la tarde. No sabía nada hasta unos treinta minutos antes. Se mostró muy intranquilo y no le gustó nada la situación. Después, dejó de sangrar y no sintió dolor. Toma penicilina cuatro veces al día. Tengo Tylenol n° 3 por si lo necesita, pero no ha sentido dolor. Se acostó hacia las 8:30.

Martes, 31 de diciembre de 1996 (notas de David)

Muy colaborador y agradable. Parece que sus capacidades cognitivas estuvieran mejorando; mostró mucho interés por la historia que leyó en el *Reader's Digest*; incluso pudo contar un poco de qué trataba la historia. Es más capaz de mantener el hilo de la conversación. Parece que su apetito está aumentando.

Se fue a la cama hacia las 8:00 y se levantó a las 12:00, se vistió y quería ir al trabajo: no podía entender qué hora era, estaba irritado porque no le dábamos sus zapatos. Quería comer. Le preparamos un bocadillo y luego nos fuimos a la cama. Él se quedó despierto durante un rato más.

Miércoles, 1 de enero de 1997

Por primera vez en mucho tiempo (casi cuatro meses) Mardig ha podido sentarse y concentrarse en una cosa durante dos horas y media. Estuvo viendo el desfile de carrozas de la Rose Bowl en la tele. ¡Estaba hipnotizado! Después subimos al Mount Wilson para ver Pasadena desde las alturas. Parecía resistir la altura bastante bien (1.800 m.), incluyendo las tres estrechas escaleras y media que tuvimos que subir para llegar al telescopio de dos metros y medio del Mount Wilson. Caminamos un poco en lo que al final fue un día frío y lluvioso y lo pasó bien. Al principio, mientras subíamos por la empinada carretera de montaña, pasó un poco de miedo... «Ve más despacio», rezongaba, un poco irritado. «¡No quites la vista de la carretera!».

Después, estaba feliz por la excursión. «¡Realmente valió la pena!», dijo.

Jueves, 2 de enero de 1997

Parece que la capacidad cognitiva de Mardig ha decaído. Al volver hacia casa preguntó: «¿Dónde está Mamá?». Hacía tiempo que no hacía esta pregunta. Parecía sorprendido y como si no supiese que su madre y la mía (su esposa) no estuvieran vivas. Ni siquiera podía representarse sus rostros. Le mostré sus fotografías cuando volvimos a casa. Luego preguntó si había otros como yo (es decir, otros hijos suyos) aquí. Se rio cuando le expliqué que sí pero que estaban en Milwaukee y nosotros en California. Se volvió a reír cuando le recordé que estamos en California.

Le di un libro para leer, *Anillo en torno a la Luna*, de Lois Erisey Poole, un autor local. Leyó unas páginas y luego lo dejó a un lado diciendo: «Lo digeriré después».

Viernes, 3 de enero de 1997

«¿Dónde están mis zapatos?» Ahh... bienvenidas sean las mañanas con Mardig... cada mañana... es raro no oír esta pregunta.

Tarde... Mardig vio la tele. No escuchó tanto el contenido como el *meta-contenido* (el modo en que el presentador envía el mensaje, su nacionalidad y su persuasión). Cuando le pregunté por el contenido me dijo que se había perdido el principio, así que no se iba a preocupar por el resto... esperaría a digerirlo más tarde. Más tarde, y tras cerrar los ojos un momento, preguntó si aquél era el mismo presentador que había estado viendo antes. Con frecuencia veía la televisión de esa manera. Era como si la interpretación del contenido le resultara difícil, y entonces hacía comentarios sobre lo que podía ver y sobre los sonidos que alcanzaba a oír.

Martes, 7 de enero de 1997

Parece que Mardig está pasando de nuevo altos y bajos. Durante un par de días pareció estar más alerta y atento, y los otros dos días se mostró desorientado y confundido.

Jueves, 16 de enero de 1997

Mardig contrajo la gripe el lunes... presentó dificultades en el Centro de Día... al volver a casa tenía 39° de temperatura. Le di Tylenol para bajar la fiebre. Llamé al CIAG para informarme sobre los requisitos para participar en el estudio farmacológico.

Mardig empezó a tener episodios de incontinencia: orinaba en el suelo, estando delante del retrete, se orinaba en los pantalones; hasta ahora ha ocurrido cinco veces.

Llevamos a Mardig al médico con 38,5° de fiebre. No queríamos correr riesgos. El médico prescribió antibióticos por la mucosidad (verdosa) parcialmente infectada.

Lunes, 20 de enero de 1997 (notas de David)

Estuvo preguntando: «¿Dónde está la linterna?», mientras sostenía una en la mano. Cuando le dije que tenía una en la mano, dijo: «Sí, pero ¿dónde está mi linterna?». Realmente confundido.

Martes, 21 de enero de 1997

Parece que la capacidad de Mardig para decir la hora se está perdiendo. No distingue el día de la noche al mirar el reloj. Su concentración también ha decaído. Quizás sea que no podemos responder bien a todas sus necesidades. Le pedimos que haga una cosa y hace otra. «Ponte el audífono». Dice vale, se va a su cuarto y coge un palillo de dientes.

Hay una canción que tararea... suele tararearla cuando se siente bien. Ahora la tararea, para sentirse bien o para conservarla en la memoria. Nos gustaría comprar el disco de la canción, pero no estamos seguros de cómo se llama. Un amigo creía que se llamaba *Buenas noches, Irene*. No la hemos encontrardo en la tienda de música.

Un poco terco: apaga el audífono y luego quiere que conversemos. No puede oír y dice: «¿Ahh?».

(Notas de David)

Ya no le importan los impuestos; no creo que sepa o entienda lo que son los impuestos; simplemente firma los papeles sin leerlos; esto es raro en él.

Jueves, 23 de enero de 1997

8:30 a.m. Tras continuas frustraciones, limpiar el desastre causado por su incontinencia, su negativa a escuchar, y absolutamente exhaustos por intentar estar tan atentos a todo, tuve una discusión con Mardig sobre que no debía usar zapatos en casa, sobre su egocentrismo, etc.

«Déjame en paz hasta que muera», respondió a mis expresiones de frustración.

Terco. No tenía el audífono puesto («Si me quisieras hablarías más alto»).

Lo llevé al Centro de Día.

Cuando le recogí por la tarde, me dijo que le gustaba el calor del coche. Dijo que había estado helado todo el día. Se negó a salir del coche cuando llegamos a casa, y se quedó sentado en el coche mientras yo aparcaba en el garaje. Cuando salí del garaje, al cabo de cinco minutos, me dijo que quería dormir en el coche. Traté de convencerlo para que saliera, pero no quiso. Volví a meterme dentro y cinco minutos después volví a salir. Esta vez gesticulaba con la mano para que me fuera. ¡Y oí que tarareaba una nueva canción!

Estamos perdiendo la paciencia para tratar con él... nos estamos cansando.

Uno de los requisitos del estudio farmacológico era realizar una serie de visitas de seguimiento para controlar el estado de Mardig mientras tomaba el Aricept®. Una de estas citas se programó para una semana de febrero en la que David y yo teníamos que estar fuera de la ciudad. Kim se ofreció a conducir los casi 80 kilómetros para ir a ver a mi padre.

El 12 de marzo llevé a Mardig al CIAG para la última visita de seguimiento. Garabateé las siguientes notas en tres pedazos de papel:

Miércoles, 12 de marzo de 1997

Venimos de vuelta... Hizo preguntas en todo el camino... una tras de otra... como un niño... charlando... haciendo la misma pregunta («¿Vas a algún sitio en especial?») a los cinco minutos de haber dicho «Vale» a mi respuesta.

Como llegamos temprano, me debatía sobre si llevarle o no a algún sitio público. Dimos una vuelta por la zona montañosa justo al oeste del bulevar Balboa en San Fernando Valley. Me habían dicho que algunas de aquellas propiedades valían de los 250.000 dólares (las casas más pequeñas), hasta más de 1.000.000 (las casas más grandes con terrenos). ¡Él se asombró del precio! Todavía teníamos tiempo, así que fuimos a un establecimiento especializado para ver televisores de tamaño reducido. Mi padre empezó a canturrear en voz muy alta. Consciente del comportamiento demenciado de mi padre en medio tantos de jóvenes, le tomé del brazo y salimos rápidamente.

Ahora está sentado junto a mí en una sala de espera aquí en GHGH-CIAG... canturreando y hablando en voz alta... luego suplicando en tono de broma: «Quiero ir a casa». Ahora está leyendo una revista... ocupado... quieto.

En medio de mis divagaciones surge la voz de un hombre que pregunta: «¿A quién tengo que ver ahora?». Una mujer responde. Él repite la respuesta que ha oído. «¿Doctor Jacobs?». Luego escucho: «Ah, sí». Todo se queda tranquilo hasta que vuelvo a escuchar: «¿A quién tengo que ver ahora?». Esto ocurre varias veces. Debe ser la enfermedad.

El doctor Jacobs miró sus notas... dijo que mi padre tiene un Alzheimer moderado —que está en una fase media de Alzheimer.

Luego le hizo una pequeña prueba a Mardig. Dibujó un círculo y le dijo que era un reloj. Pidió a Mardig que escribiera los números del reloj. Mi padre dibujó cuatro pequeñas marcas. Cada una era equidistante de la otra: una correspondía a las 12:00, otra a las 3:00, y las otras dos a las 6:00 y a las 9:00. *Era un buen comienzo. ¡Lo va a hacer muy bien!* Después de una pausa escribió el número «1» en la posición de las 10:00 y terminó con un «3» en la de las 11:30. Luego escribió el número «12» en la posición de la 1:00 y terminó con un «2» en la de las 2:30. *¿Qué estaría pensando?* El médico le preguntó si había algo más. Mardig escribió el número «6» en la posición de las 5:00, y luego el «7» en las 6:30 y el «10» en las 8:30.

Asombroso. Me senté en silencio, como hacía siempre que le sometían a una prueba. Mi deseo de ayudar se calmaba cuando pensaba en lo privilegiada que era por poder estar en la consulta mientras le hacían las pruebas.

Cuando el médico terminó, Aris, una mujer del equipo, entró con un cuadernillo verde —el mismo que utilizaba durante las visitas previas de Mardig al estudio farmacológico—, y le hizo las mismas preguntas que le había hecho en ocasiones anteriores. Mediante estas preguntas, ella podía evaluar su estado de conciencia y su sentido de tiempo y lugar: lo denominó la *Prueba del Estado Mini-Mental*.

«¿Qué día es hoy?», le preguntó.

«No me importa».

«¿En qué año estamos?».

«1957».

«¿Me puede decir en qué estación estamos?».

«Nos acercamos al invierno».

«¿En qué país estamos?».

«Estamos en Rusia».

«¿En qué Estado...?».

«Solía vivir en Wisconsin», dijo mi padre, soltando una risa nerviosa.

«¿En qué ciudad?».

«Era Milwaukee, cuando era pequeño».

«¿En qué edificio estamos?».

«En un sitio federal».

«¿En qué planta estamos?».

«En la primera».

En esta fase de preguntas y respuestas, Mardig interrumpía continuamente y le hacía preguntas. Cuando no conocía la respuesta a alguna de las preguntas, explicaba por qué no la sabía. Así, esta prueba de diez minutos se alargó hasta durar veinte.

Después, ella le pidió que deletreara la palabra «MUNDO». Él lo hizo con facilidad. Luego, le volvió a pedir que deletreara «MUNDO». Y esto es lo que él dijo: «O D N U», y después de una pausa, añadió «D O».

Ella le pidió que hiciera unas cuantas cosas más.

«Cierre los ojos, señor Avadian».

Él la miró directamente a los ojos y dijo: «Cierre los ojos». Ella repitió la orden.

Él se tapó los ojos. Se quedó sentado, cubriendo cada uno de sus ojos con una mano, hasta que ella le dijo que podía abrirlos.

Le pidió que escribiera una frase en un una hoja de papel en blanco. La frase podía ser sobre cualquier cosa que se le viniera a la cabeza.

Escribió: «Esta profesora es muy crítica». En la visita anterior había escrito que esperaba que sus respuestas fueran correctas. Y en otra, anterior aún: «Espero que esto sea para bien». Y en otra visita había escrito que no entendía por qué lo estaban examinando.

Ella le pidió que copiara dos pentágonos, como los que aparecían en otra página del libro. La vez anterior había copiado esos dibujos geométricos sin esfuerzo. Esta vez no le fue fácil reproducirlos.

Me dio pena ver que mi padre perdía sus capacidades. La primera vez que vinimos para su evaluación inicial, el 18 de diciembre, le calificaron con un 21. La nota perfecta era 30. Una semana después, durante el examen preliminar para el estudio, obtuvo un 17. Cuatro semanas después, 16. Ocho semanas más tarde, 19. Esta vez, obtuvo un 14.

Después de esta prueba, retiraron a Mardig del estudio porque ya no alcanzaba la calificación. Nos dimos cuenta de que el Aricept® sólo había retrasado su caída. Nos habíamos hecho tantas ilusiones con que mi padre podría mejorar lo suficiente como para cumplir sus sueños, los sueños que él había dejado pasar. Nos equivocamos porque el Aricept® sólo le podía ayudar a mantener el nivel. Sin el fármaco, la enfermedad siguió su curso. Tenía que aceptar la realidad, y disfrutar del tiempo de vida que le quedara a mi padre.

Nueve
Dinero, dinero, dinero

Una vez nos hubimos ocupado de las necesidades sanitarias de mi padre, me dispuse a poner en orden sus asuntos económicos.

Cuando David y yo decidimos hacernos cargo de Mardig y de sus asuntos, sabíamos que poseía acciones de General Electric y bonos del Tesoro de Estados Unidos. También sabíamos que tenía una cuenta bancaria y otra de ahorro, además de otros dos certificados de depósito. Calculamos que, como mucho, Mardig tendría en conjunto unos 200.000 dólares.

Esto sería fácil. Mi padre me había otorgado poderes para gestionar sus dos cuentas bancarias. Todo lo que tenía que hacer era transferir todo lo relacionado con sus finanzas a California. David y yo consideramos que cuanto antes realizáramos estos trámites, antes podríamos volver a nuestros propios asuntos; mientras, seguíamos atendiendo el cuidado diario de Mardig.

«¿Qué es lo que tengo?».

Mientras estaba en Milwaukee en marzo de 1996, un día mi padre me invitó a que lo acompañara al banco. Me dijo que tenía que hacer un par de cosas. Su banco quedaba a poca distancia y comentó que le apetecía ir andando para hacer un poco de ejercicio. Le dije que lo acompañaría. Sería una buena oportunidad para que los dos saliéramos a la calle. Y sucedió que, aunque yo tenía casi 50 años menos que él, apenas podía seguir el rápido ritmo de su paso, y menos aún hablar sin que me faltara la respiración.

Me pareció gracioso estar sentada en el banco mientras él hacía sus operaciones. Mis padres siempre habían realizado sus actividades financieras en privado. Cuando solicité una beca para estudiar en la Universidad de Wisconsin, en Milwaukee, se negaron a rellenar la solicitud, pues no querían que nadie se enterara de cuánto tenían depositado en el banco. Así que, allí estaba, tratando de no entrometerme, recordando mi juventud.

Mis pensamientos se interrumpieron al oír que la encargada de la atención al cliente le decía a Mardig en tono cortés: «Señor Avadian, hace dos días vino usted a pedir esa misma información».

«Bueno, pero la quiero hoy», dijo Mardig tranquilamente.

«¡Pero si le dimos un extracto impreso de su saldo!».

Pensé que la mujer se estaba poniendo innecesariamente descortés, así que empecé a prestar atención. Me acerqué a Mardig y le pregunté qué era lo que necesitaba. Me miró un momento y luego se volvió a dirigir a la mujer reclamando: «¡Quiero saber lo que tengo en mis cuentas!».

Algo confundida, ella adoptó un tono calmado para decirle: «Muy bien, le daré otro extracto».

Conseguido su propósito, me miró con alegría. Le pregunté qué era lo que estaba tratando de hacer. Me explicó que no quería que el banco descuidara sus cuentas, por eso tenía que estar pendiente del dinero que poseía.

En un momento dado, Mardig se puso a mirar unos folletos. Yo aproveché su distracción para presentarme a la responsable y preguntarle qué era lo que pasaba.

Ella se disculpó por su comportamiento y me dijo que Mardig acudía al banco unas tres veces por semana para preguntar por su dinero.

Me quedé sorprendida. No me hubiera imaginado que le preocupara tanto su dinero. «¿De veras?», pregunté.

«Así, es», dijo ella, bajando la mirada.

«¿Por qué?».

«Se le olvida», dijo.

«Vaya, eso debe resultar molesto», añadí.

Levantó la mirada, sonriente, y me preguntó: «¿Es usted su hija?».

«Sí, lo soy».

«Bueno, debería ver la forma de que le otorgue un poder notarial, para poder echarle una mano con sus finanzas».

«¿Qué?».

Me explicó que un poder me autorizaría a administrar sus cuentas. Dados mis recuerdos juveniles, mi corazón se aceleró emocionado. *¡No podía creer que esto estuviera ocurriendo!* Me calmé y le dije que preferiría pensarlo, ya que tenía una hermana y un hermano, y que quizás deseasen hacerlo ellos.

Salí de allí con una sensación de reivindicación. Había sido invitada a participar en el territorio secreto de las finanzas de mi padre. ¡Vaya si estaba emocionada!

Unos días después, Mardig me pidió que lo ayudara con sus asuntos económicos. «Habla con los del banco —dijo—, yo te asesoraré para asegurarnos de que no nos engañen». Caminó junto a mí, orgulloso, mientras me convertía en su mano derecha y obtenía todo lo que quería del banco. Luego dijo: «Vamos a otro banco. Ahora quiero que pidas...».

Fue en aquella ocasión cuando me otorgó un poder sobre una de sus cuentas. Si mal no recuerdo, sólo tuve que firmar en un pequeño formulario. Aun así, me sentía nerviosa. Repetidas veces había pedido a mis hermanos que se implicaran. Ellos no respondieron. Me sentía sola.

A pesar de todo, yo era lo bastante previsora como para evitar complicaciones innecesarias. Por eso le pedí a Mardig que me diera un poder sobre su cuenta en el otro banco. No aceptó. «Es su problema», pensé.

Cinco meses después, cuando lo visité en agosto, me pidió que aceptara un poder sobre su otra cuenta. Me dijo que le gustaba cómo estaba llevando sus asuntos. Le satisfacía que pudiera responder a sus preguntas con inmediatez y que le diera los certificados de lo que tenía depositado. En esta ocasión, yo dudé y le pregunté: «¿Estás seguro? ¿Qué pensarán mi hermana y mi hermano?». Me resultaba incómodo encargarme de todos sus temas de dinero y quería ser justa. A pesar de su desinterés, no sabía qué opinarían mis hermanos.

Mardig me dijo que no le apetecía que ni mi hermana ni mi hermano se inmiscuyeran. Me dio razones que me sorprendieron, pero que reforzaron mi deseo de ayudarlo.

Días después me otorgaría el poder notarial sobre todos sus asuntos (médicos y financieros).

Tratamos de abrirle una cuenta corriente en California. Mardig y yo fuimos a un banco del vecindario para abrir una cuenta a su nombre. Me dijo que, como que yo era su apoderada, debía encargarme de ello. Le dije que, aun así, tendría que acompañarme, así que nos dirigimos al banco.

«Me gustaría abrir una cuenta a nombre de mi padre».

«¿Tiene él un documento de identidad?».

«Bueno, en este momento no». Bajé el tono de voz y añadí: «Parece que tiene inicios de Alzheimer y ha perdido la cartera. Sin embargo, yo tengo un poder y llevo mis documentos de identidad».

«No podemos abrir una cuenta a su nombre si él no presenta alguna identificación».

«Bueno, ¿qué es lo que necesitan?».

«Un carnet de conducir o algo que tenga una fotografía y su firma».

«Él ya no conduce».

«Bueno, *usted* podría abrir una cuenta», sugirió el empleado del banco.

«No, no lo quiero hacer. Quiero que esté a su nombre y que yo figure como su apoderada».

Hicimos la misma gestión en diversos bancos. En un cierto momento me di por vencida y empecé a hacer las consultas por teléfono. No quería malgastar el tiempo visitando cada banco. En vez de eso, llamaba y preguntaba: «Hola, buenos días, vivo aquí desde hace siete años, realizo mis compras y transacciones en este vecindario... ¿podría ayudarme?». Mi solicitud fue rechazada una y otra vez.

A raíz de estas negativas comenzó un largo y frustrante recorrido a través de la burocracia estatal y de la empresa privada. Me llevó mes y medio conseguir la identificación apropiada para Mardig.

En primer lugar, tuvo que llenar unos formularios en la oficina de la Seguridad Social: hicieron falta tres visitas, con turnos de espera de treinta a cuarenta y cinco minutos. Luego, tuvo que llenar un formulario en el Departamento de Vehículos Motorizados (DVM) local, para conseguir un documento de identificación de California. Lo conseguimos al cabo de dos visitas. Pero todavía no sabíamos si le darían un carnet de identidad. Nos habían dicho que esta solicitud debía pasar antes por una revisión en Sacramento. Además, no estaban seguros de que su Certificado de Ciudadanía estadounidense de los años treinta tuviese validez, puesto que no incluía su fecha de nacimiento, aunque sí tenía anotada la edad que tenía Mardig cuando se la concedieron. *¡Una sencilla operación matemática resolvería el asunto! ¡Pero no puedes decirle esto al DVM!* Decidimos entonces solicitar una tarjeta de crédito. Esto facilitaría las cosas para las revisiones médicas, la compra de ropa, los viajes, etc. Como Mardig no podía abrir una cuenta en California, solicitamos la tarjeta en uno de sus bancos en Milwaukee.

Gradualmente fuimos adquiriendo papeles que guardar en su cartera.

Por entonces descubrimos que los bonos de Mardig habían caducado. Algunos de sus bonos, de más de treinta años, hacía tiempo que ya no generaban intereses. Hicimos gestiones para convertirlos en efectivo, con el que abrimos un fondo destinado a sus gastos médicos. Pero no podíamos hacer esta operación en California, ya que todavía no tenía ninguna cuenta abierta en dicho Estado.

Por lo que ocurrió después, me alegré de haber conocido a los responsables del banco de Mardig en Milwaukee. Mediante una sola llamada, una de estas personas resultó imprescindible para transformar en efectivo esos bonos. En California, Mardig hubiera tenido que firmar cada uno de los bonos ante un notario público. Y eran alrededor de cuarenta bonos, con un costo de cinco a diez dólares por la firma de cada uno. ¡Sólo hay que sumar un poco para saber cuánto hubiera costado!

David tecleó los números de serie de los bonos en el ordenador[5] y mandó una copia con los bonos al banco de Milwaukee, pues Mardig todavía tenía que firmarlos (los firmó encantado, porque quería convertirlos en efectivo y pasar todos sus fondos a una única cuenta). A nosotros no nos parecía una buena idea porque también tenía acciones y fondos de una mutualidad.

Para agradecer la ayuda que recibimos del banco en Milwaukee, les prometí que los beneficios resultantes de la conversión a metálico de sus bonos quedarían depositadas en aquella cuenta durante unos meses más. Era un gesto de gratitud hacia el banco, ya que ganaban más dinero con los bonos que pagando intereses. Además, ¿dónde sino habríamos depositado aquel dinero? Aún no habíamos podido abrir una cuenta para Mardig en California.

Este tipo de pequeñas cuestiones de Mardig nos mantenían constante y excesivamente ocupados.

Dos meses después, el abogado que tenía en California para asesorarme en los asuntos de mi padre, me ayudó a abrir una cuenta a nombre de Mardig en un banco del vecindario. *Nos llevó cinco meses abrir la primera cuenta de Mardig en un banco de California.*

También contratamos los servicios de un contable público autorizado, para que llevara el libro de cuentas de mi padre y nos mantuviera al día de sus finanzas. Cada tres meses, reuníamos los cheques y facturas de Mardig y se los entregábamos al contable para que los asentara; así, ponía al día el libro de cuentas de Mardig. Todo esto implicaba cumplir con un sistema de organización riguroso que nos permitiera tener todas las cuentas de Mardig bien organizadas y permanentemente disponibles. Tomamos como hábito documentar cada detalle, por si mi

---

[5] Se refiere a una transacción electrónica, vía internet (n. del t.).

hermana o mi hermano cuestionaban alguna de nuestras acciones en algún momento.

Mis tíos me habían advertido de que, cuando en una familia hay temas de dinero por medio, pueden suceder cosas extrañas. «La gente hace cosas increíbles», me previnieron. Yo anotaba meticulosamente todo y me aseguré de tener el mejor asesoramiento. Si surgían problemas en algún momento, quería tener garantizada la defensa de mis intereses.

Unos meses antes de que Mardig se trasladara a vivir a California, me llamó para decirme que, al parecer, le habían robado el coche. Me explicó que después lo habían encontrado, pero que tenía que ir a retirarlo. Cuando le pregunté si lo reclamaría, me dijo que le costaría bastante dinero sacarlo del garaje. No creía que valiera la pena y decidió olvidarse de su existencia. Esto no me parecía sensato, pues aquel coche valía varios miles de dólares. A David y a mí se nos cruzó la idea de que lo más probable era que Mardig hubiese conducido hasta algún lugar, hubiese aparcado, y luego se hubiera olvidado de dónde; después habría vuelto a casa a pie o en autobús. Supusimos que la policía municipal habría remolcado el coche hasta algún depósito.

Comenté la pérdida del coche de Mardig con mis hermanos después de que él nos lo contara a David y a mí. Convinimos en que era mejor que mi padre ya no tuviera el coche.

Meses después, cuando Mardig ya vivía con nosotros, recibí una llamada. Habían encontrado su coche en el aparcamiento del hospital de un suburbio al oeste de Milwaukee. Un guardia de seguridad llamaba para decir que lo habían abandonado. Preguntaba si lo podía comprar. Le dije que primero me gustaría ofrecérselo a mi hermana. Mi hermana y su marido sólo tenían un coche; tener dos podía resultarles más conveniente.

Aunque rara vez me comunicaba por teléfono con mi hermana, quería ser considerada. Algún día, pensaba, ella responderá favorablemente a mis buenas intenciones.

Cuando la llamé y le ofrecí el coche, se mostró muy amable y no dejó de hablar. Este regalo, que Mardig aprobaba, generó algunas semanas de conversación y de correos electrónicos mientras arreglábamos los detalles del cambio de titularidad. Ella me dijo que las cosas se facilitarían mucho si hablábamos con mi hermano para que la dejara entrar en *su* casa para buscar la documentación del coche de Mardig.

Una vez tuvo la propiedad del coche en sus manos, me espetó que el escaso valor del coche de Mardig valía por los regalos anuales que Mardig ya no les hacía a ella y a su marido. *¡Me escupió a la cara por ayudarla!* Los abogados me habían recomendado que procediera así con respecto a la donación de mi padre. Cuando les comenté la reacción de mi hermana, no supieron qué decir. *¡Fue la primera vez que un abogado no tenía nada que decirme!*

O tro pequeño detalle, pero que consumía mucho tiempo, era saber quién tenía en realidad la propiedad de la casa de Mardig. Muchas veces mi padre había compartido su temor de que fuera mi hermano, y decía que tenía que andar con cuidado con él para no quedarse sin techo. No estábamos seguros de quién era la casa. Mi hermano decía que era suya. Encontramos copias de un contrato sin fecha y sin firma que estaba a nombre de mi hermano. Se las mostré al abogado y éste recomendó que iniciáramos una búsqueda de la titularidad de la casa en los registros. Esperamos los resultados. *Si la casa era de mi hermano, nos ahorraríamos muchos trámites para clarificar el valor de las pertenencias que mis padres habían acumulado durante muchos años. Podríamos, simplemente, dejar las cosas como estaban. Pero, si la casa era de Mardig, tendría que arreglármelas para venderla. ¿Cuánto tiempo llevaría? ¿Quién lo podría hacer por mí? ¿Sería tan meticuloso como yo? ¿Y cuándo encontraría tiempo? Tal como iban las cosas, ya había perdido bastantes oportunidades de trabajo por causa de estos asuntos.*

Esperamos. David y yo discutíamos continuamente los pros y los contras del informe de búsqueda de titularidad. Mientras tanto, íbamos recibiendo las facturas de Mardig porque habíamos cumplimentado un impreso de *cambio de domicilio* en la oficina de correos. Esas facturas incluían impuestos sobre bienes y capitales. Si la casa era de mi hermano, ¿por qué seguía apareciendo el nombre de Mardig en las facturas? ¿Y por qué algunas de esas facturas venían marcadas como *pendientes*?

Esperamos y esperamos, en ascuas, mientras seguíamos ordenando la enorme cantidad de documentos de Mardig. *Si la casa era de Mardig, ¿cómo conseguir que se marchara mi hermano de la casa donde había vivido toda su vida?* David y yo esperábamos que la casa fuera de mi hermano. Sería una suerte.

Como toda empresa que merece la pena, nuestro esfuerzo dio resultados. La casa era de Mardig sin lugar a dudas. Mi hermano tendría que marcharse para que yo pudiera venderla. Esto no sería fácil; no sería cuestión de decir simplemente: «Querido hermano, has vivido gratis en esta casa durante cuarenta y cinco años. ¿No crees que ya ha llegado la hora de que te vayas a vivir por tu cuenta?».

Necesitaba conocer las leyes de desahucio para inquilinos en precario. *¡Sí, porque hay leyes específicas para desahuciar a un inquilino que no* *paga!* Pedí el asesoramiento de los abogados de Mardig y redacté una carta para mis hermanos en la que les detallaba lo que había que hacer. Los invitaba a ayudarme a *disponer* de los efectos personales de nuestros padres. Esperaba que la curiosidad y el deseo de encontrar tesoros en la casa los animaría a implicarse. Después de escribir y volver a escribir la carta varias veces, finalmente la envié a los dos con una copia de mi poder notarial.

Mi paciencia y mi energía se estaban agotando. Yo estaba cuidando de mi padre en mi casa. Estaba encontrando problemas por todos los lados. Las cosas no eran tan sencillas como había imaginado. Y para colmo de males, ¡había demasiados detalles que resolver!

Pasaron los meses. Finalmente mi hermano dejó la casa. Mientras tanto, fui dos veces a Milwaukee para arreglarla y dejarla lista para vender.

Unos ocho meses antes de vender la casa de Mardig, le pregunté por cuánto la vendería si alguno de mis hermanos la querían. *Yo había pensado en comprarla, pero vivía demasiado lejos. Sería un problema tenerla a tan enorme distancia.*

La casa formaba parte de la rica historia de Milwaukee. Era una casa de dos plantas de ladrillo rojo de estilo colonial, construida en 1923 por un banquero. Incluso encontramos los planos originales, la documentación técnica, cartas de sus primeros propietarios, etc., en una caja cubierta de polvo en un rincón del ático. Me impresionó el cuidado que se había prestado a la elección de los materiales de construcción:

La mampostería para vestir y colocar los pavimentos acabados de terrazo en la entrada principal, solarium y baño será de primera calidad (garantizado)... y debe ser colocado por artesanos de gran competencia y profesionalidad en el arte de solar con terrazo. Los suelos de la sala y el comedor de la primera planta y de toda la segunda estarán cubiertos con tarima de roble de 2,22 x 5,71 cm... se usará plomo blanco y la mejor pintura al aceite de linaza para cubrir las paredes... la puerta delantera será de roble macizo... el marco de la entrada se completará con cristal de zinc y una moldura de escayola de no menos de a dos dólares el pie...

Cuando el tasador llegó a la casa, le gustó tanto que la definió como una pieza de museo.

Todo en la casa era original. Mis padres fueron sus segundos propietarios y no cambiaron nada. Aún mantenía la caldera, el horno, la estufa, la bañera y el fregadero de origen, ¡y hasta el papel de la pared! El interior de la casa presentaba los acabados en roble oscuro macizo. Hasta las estanterías y la repisa de la chimenea eran de roble. Allí seguían los candelabros de bronce estilo eduardiano, así como los apliques del mismo estilo que decoraban las paredes del salón y el comedor. En el exterior de la casa todavía lucían los canalones de desagüe originales en cobre.

Mi padre me dijo: «Véndesela entre un cinco y un diez por ciento por debajo de su valor de mercado». La hice tasar. Luego, llamé a una agente inmobiliaria para que hiciera una valoración detallada de la casa. La agente fue muy generosa, tanto con su tiempo como con la cantidad de estimaciones comparativas que dio.

Fue mi hermana quien decidió comprar la casa, así que le di una copia de la tasación. Ella me hizo una oferta verbal que acepté, pues se ajustaba a la rebaja que Mardig había previsto. Después, confirmó su oferta verbal en una oferta por escrito.

Para mi sorpresa, ella hizo lo que yo suelo hacer en la Bolsa. Yo decido lo que quiero pagar por una acción. Luego, cuando ya tengo que pagar la orden, pido una rebaja en el precio, esperando que cuando la acción caiga ligeramente pueda ajustarse a mi oferta. Algunas veces he obtenido importantes ganancias cuando las acciones han vuelto a subir. No obstante, han sido más las ocasiones en que he perdido significativas ganancias por usar esa táctica, y desde entonces prefiero mantener mi oferta inicial.

La oferta escrita de mi hermana fue mucho menor que su oferta verbal. No podía aceptarla porque era bastante menos de lo que Mardig quería. No se puso nada contenta cuando rechacé su oferta. Esa frustrada transacción de junio marcó el final de cualquier conversación futura entre nosotras. *Intenté comunicarme con ella, pero nunca me contestó.*

Mientras seguíamos poniendo al día todos los documentos de Mardig, encontramos una serie de cheques que había dirigido a una organización que parecía oficial como pagos para mantener sus servicios médicos y de Seguridad Social. Les enviaba cheques en respuesta a los documentos oficiales que le mandaban. David se dio cuenta de que durante años las donaciones *anuales* de mi padre se habían convertido en *mensuales* y luego en pagos *bisemanales*. Teníamos que ponerle un fin a aquello. Quizás por ingenuidad, me sorprendió que dicha organización hubiera seguido cobrando sus cheques. Por lo que sabíamos, ni los servicios médicos ni la Seguridad Social de Mardig habían estado nunca amenazados.

Cuando decidí hacerme cargo de mi padre y firmé el poder notarial, nunca imaginé que tendría que atender y resolver tantos detalles. Al principio, a David y a mí aquellas tareas nos llevaron más tiempo que el mismo cuidado de Mardig.

Era triste que mis hermanos y yo no pudiéramos comunicarnos con facilidad. Realmente no entendía por qué. Quizás era una cuestión de confianza. Oía historias sobre hermanos que peleaban tan agriamente que al final sus herencias acababan como pago de las minutas de sus abogados. Quizás mis hermanos desconfiaban de mí o de la forma en que llevaba los asuntos de mi padre. Eso lo puedo entender. Siempre se me había dicho que yo era la niña de la casa. ¿Qué sabía yo? Fui la primera en irme de forma definitiva de casa y me había marchado a vivir lejos.

Anticipándome a su desconfianza, había mantenido anotados todos los trámites y pagos y contraté especialistas para que me asesoraran. Algún día, cuando todos estos problemas se resuelvan, tal vez mis hermanos se den cuenta de que hice todo esto por el bien de Mardig y por el suyo propio.

Creo que mis hermanos no hubieran tenido paciencia para afrontar todas estas gestiones. Para empezar, no creo que las hubieran tenido claras. Recuerdo que mi hermano decía: «Lo tiraré todo. No tengo tiempo para tanto trasto, Brenda, tengo cosas que hacer». Esos trastos incluían los bonos de mi padre, información sobre las cuentas que tenía por todo el país, y muchas cosas más. Y al final, esos trastos llegarían a valer varias veces más de lo que inicialmente habíamos calculado.

Diez
Grupos de apoyo: ¡Necesitamos ayuda!

Llega un momento en que cada uno de nosotros debe aceptar sus limitaciones y pedir ayuda. David y yo nos acercábamos rápidamente a ese momento. Todo empezó unos meses antes, cuando varios miembros del equipo del Centro de Día me aconsejaron que acudiera a las sesiones de sus grupos de apoyo. Me lo recomendaron porque yo no paraba de hacerles preguntas. «El grupo de apoyo realmente te ayudará a resolver tu inquietud, Brenda», me decían, cada vez que les preguntaba algo.

Nunca había acudido a un grupo de *apoyo*, y me parecía gracioso eso de sentarme en un círculo y empezar a hablar de mis problemas y escuchar los de los demás. Imaginaba una sesión de terapia, o una reunión de alcohólicos anónimos o de adictos a la comida. Además, estaba demasiado ocupada. Entre atender a todas las cuestiones de mi padre y dedicarme a mis cada vez menos existentes asuntos laborales, ¿de dónde sacaría tiempo?

Unas semanas después, agotadas todas mis energías, me encontraba desanimada. Sentía una gran fatiga. No podía entender por qué, a pesar de todos los cuidados que prodigábamos a

Mardig, decaía tan rápidamente. ¿Estábamos haciendo algo mal? *¿No hacíamos lo suficiente? ¿Qué era lo que fallaba?*

Un día, cuando fui a dejarlo en el Centro de Día, lancé la pregunta.

Antes de irme, una mujer del equipo me llamó a un lado y me describió claramente lo que sucedía. Me dijo: «Tu padre es como un borracho que trata de mostrarse sobrio en público. Si alguien le hace una pregunta, la responde con inteligencia, lo que le supone un gran esfuerzo. Pero cuando por fin vuelve a un lugar privado, donde se siente seguro, se pierde. Se relaja y puede dejar de portarse de modo coherente».

Me llevó tiempo entender el ejemplo y aceptar la analogía. *Al hacer que Mardig se sintiera bien, seguro y a gusto, estábamos fomentando el avance de la enfermedad. Eso no tenía sentido.*

Yo seguía sin poder concentrarme en mi trabajo. Incapaz de avanzar en mis labores profesionales, iba perdiendo cada vez más paciencia con Mardig y con sus asuntos. Me di por vencida y el martes siguiente fui a mi primera reunión de apoyo. *Saqué tiempo.*

Al principio me sentí un poco incómoda. Era la participante más joven en un grupo de personas mayores de cincuenta años. Casi la mitad de ellos estaban cuidando de sus parejas, y otros de sus padres. Me senté en silencio y escuché las historias que cada uno explicaba. Luego llegó mi turno. Las discusiones que seguían a cada intervención eran tan valiosas que no podía esperar a que llegara la siguiente sesión. La hora y media que duró se fue volando. Llené una página entera con ideas.

Si a tu ser querido le cuesta mucho entrar y salir del coche, coloca una bolsa de plástico grande sobre el asiento. Así, él o ella podrá rodar fácilmente sobre la bolsa.

Si tu ser querido está en casa y las puertas del baño y las habitaciones están cerradas por dentro, asegúrate de tener una herramienta pequeña que te permita abrirlas. Yo solía utilizar un diminuto destornillador de joyero. Para abrir la puerta hay que introducir la herramienta en el agujero de la cerradura e ir moviéndola, mientras se gira el picaporte varias veces hasta que la puerta se abra. Este método nos resultó muy útil cuando Mardig se quedó encerrado en el baño mientras se daba una ducha.

Hazte a la idea de que tú eres el padre o la madre y que a veces tienes que ser severa con tu padre/madre/pareja por su propio bien.

Pon en la cama de tu ser querido sábanas de satén para que resbale y le resulte sencillo entrar y salir de la cama. Este consejo nos llegó a destiempo. Acabábamos de comprar unas sábanas de grueso algodón para que Mardig estuviera cómodo y caliente.

Y añadieron: «Al final, te sentirás satisfecho por haber asumido esta responsabilidad». *¡Sí, si es que sobrevivo!*

Tras esta primera experiencia, acudí a las sesiones con regularidad. A medida que mis diecisiete años de vida profesional se escapaban de mis manos, mi atención se centró en mi padre y en su cuidado.

Los miembros del grupo de apoyo se convirtieron en mi segunda familia. Teníamos una cosa importante en común: un miembro de nuestra familia padecía Alzheimer. No creo que nadie pueda entender, completamente, lo que significa cuidar de un ser querido con Alzheimer mientras no le toque vivir la experiencia. Ni con todas las palabras del mundo podría construir un *cuadro* lo suficientemente vívido de lo que esto significa.

En los días que pasaban entre una y otra sesión, yo iba anotando preguntas relativas al cuidado de Mardig. Cada sesión era realmente provechosa. Cada cuidador estaba pasando por una fase distinta en la experiencia del Alzheimer. Había muchas cosas que compartir. Construimos un vínculo que atravesó semanas, y luego meses, de altibajos. Y que ahora se va convirtiendo en años.

Paul, que tendría unos ochenta años, en cada reunión presentaba alguna idea profunda que nos dejaba pensativos.

Patti, que tendría poco más de cincuenta años, cuidaba de su marido de sesenta y dos. Él tenía los ojos más azules y el pelo ondulado más blanco que yo haya visto en mi vida.

Jonathan, que tenía ochenta y tres años, era el anciano que yo conocía con mayor capacidad para navegar por internet.

Luego me enteré de que también Paul navegaba por internet, y que estaba empezando a utilizar programas y equipos que yo ni siquiera tenía, como el software de reconocimiento de voz o la cámara digital.

Tanto Paul como Jonathan habían estado casados con sus respectivas esposas durante más de cincuenta años antes de que ellas empezaran a presentar síntomas de Alzheimer. Patti había disfrutado de diez años con Ralph antes de que él comenzara a doblegarse ante las garras del Alzheimer.

Jeanne, una enfermera, abandonó su carrera para dedicarse al cuidado de su madre en su propia casa. Tenía poco más de cincuenta años.

Había otras personas que asistían a las sesiones, pero los participantes que he mencionado eran los más constantes y los que más me ayudaron.

Se suele oír, cuando se habla de la lealtad en la familia y entre sus miembros, que «la sangre es más densa que el agua». Desgraciadamente, ésa no fue mi experiencia. Me apena el hecho de no haber tenido el apoyo de ninguno de mis hermanos. Al argumento de que la sangre es más densa que el agua, yo respondería ¿y qué? *El agua es la esencia de la vida.*

El grupo de apoyo y el libro *36 horas al día*, escrito por Nancy L. Mace y Peter V. Rabins, fueron dos herramientas clave en mi equipo de subsistencia como cuidadora. A *36 horas al día* yo lo llamaría la Biblia de los cuidadores. La portada del ejemplar que yo tengo dice: «Una guía familiar para el cuidado de personas con la enfermedad de Alzheimer, con demencias relacionadas y con pérdidas de memoria en la vejez». Cada uno de nosotros tenía su propio ejemplar, al que acudíamos cada vez que ocurría algo nuevo que no lográbamos comprender. Algunas veces, las respuestas no eran lo suficientemente específicas. Otras, sus descripciones eran dolorosamente gráficas.

Tras una semana especialmente tensa, en octubre de 1996, quería hacer una pregunta que toda persona hace alguna vez: «¿Cuándo sabré que ya no puedo asumirlo todo sola?».

Unos días después, para desahogarme y tratar de responderme, escribí los detalles de esa semana tan difícil en mi diario.

Octubre de 1996

Anoche lo pasé fatal... Me sentía muy enferma. La gripe me está afectando mucho y Mardig no se muestra coolaborador. Se acostó hacia las 10:00 y yo también. Estaba con escalofríos terribles. Encendí el calefactor de la habitación y me cubrí con tres mantas para entrar en calor, pero no dejaba de temblar. David estaba limpiando la cocina tras haber preparado una sopa de pollo para los dos.

David se acostó hacia las 10:30. Mardig estaba en su habitación y tenía las luces apagadas. A las 11:00, nos dimos cuenta de que había encendido las luces. El infierno estaba por llegar...

Salió de su habitación, completamente vestido y listo para salir. Empezó a vagar por la casa con los zapatos puestos. Estuvo abriendo puertas, armarios, e incluso abrió la puerta de la calle ocho veces (lo pudimos contar, pues chirría). No me quise levantar porque me estaba congelando. Con sigilo, Mardig fue al trastero, encendió las luces y luego las apagó. Ya no podíamos saber qué pasaba pues no oíamos *nada*. Debió de haberse quedado de pie en la oscuridad. David se levantó y, desde la puerta de nuestra habitación, se asomó al pasillo. Quién sabe qué estaría haciendo mi padre. Yo temía que pudiera hacerse daño (creo que tendremos que adaptar la casa como para niños, para que no se haga daño con nada).

Después de aquello, David se volvió a levantar de la cama seis o siete veces más. Ya eran las 3:00 a.m. y David tendría que dejar la cama en una hora para irse a trabajar a las 4:55 a.m. Estaba extenuado. Simplemente ya no podía más. Me levanté a las 3:30 a.m. y di un vistazo.

Los archivadores de pagos e impuestos de los padres de David estaban abiertos. Las pilas de papeles que yo tenía ordenadas en mi escritorio estaban revueltas. Cada pila correspondía a un proyecto distinto. Ya me había llevado bastante tiempo organizar mi trabajo, en las pocas horas libres al día que tenía para trabajar. Ciertamente, ya no tenía tiempo para reorganizar nada, ¡después de que alguien hubiera revuelto todos mis archivos! Sentía frío, mucho frío. Se me acababa la paciencia. ¿Qué pasaría si caía enferma o me sentía incapaz de levantarme de la cama? ¿Cómo podría cuidar de mi padre? Esto no marchaba bien... Mardig estaba causando demasiados problemas. Con tan terribles escalofríos en el cuerpo, ya estaba harta... Me enfrenté a Mardig y le dije que ya era suficiente. Me dijo que le dejara en paz. Le dije que no lo haría porque estaba revolviendo todas mis cosas ¡y trastornando mi vida! Me contestó que si lo abandonaba se moriría rápidamente. *Ohhhh, ¡estaba usando la terrible táctica del victimismo!*

A la mañana siguiente encontré una barra de chocolate tirada en el suelo, junto al fregadero de la cocina (las guardábamos en un mueble que estaba por encima de la cabeza de Mardig). También encontré una cuchara en la tostadora (afortunadamente, tenemos la buena costumbre de dejarla desenchufada). Cuando se lo comenté a Mardig, se quedó sorprendido y negó que él hubiera hecho algo tan estúpido: «Te podrías electrocutar», añadió. Encontré el tarro de mantequilla de cacao debajo del fregadero, entre los productos de limpieza.

Más tarde, aquel mismo día, sacó otra rebanada de pan de la bolsa, aunque ya le había dado una para que la tomara con su refresco (le gustaba el sabor del pan empapado con un refresco dulce). Cuando volví a la cocina, las dos rebanadas de pan estaban metidas en el plato del gato, que a su vez estaba al borde del mueble de la cocina. Le hice razonar sobre lo que había hecho. Me agradeció que cuidara de él. Tiré aquel pan por la ventana (para los pájaros) y saqué otras dos rebanadas para él. *Tengo que estar vigilándolo todo el tiempo para que no se haga daño.*

Intentamos darle somníferos. Queríamos ver si le ayudaban a dormir. Sería bueno para él y para nosotros. Fue algo que nos recomendaron otros cuidadores del grupo de apoyo. Pero al final, resultó que sólo funcionaron bien la primera noche que los tomó. La segunda y la tercera noche se las pasó dando vueltas, así que dejamos de dárselos.

He empezado a pensar en buscarle una residencia asistida. Iremos a ver una este fin de semana. Es realmente difícil estar vigilándolo de manera constante cada vez que se despierta.

Siento una doble sensación de tristeza y alivio... David dice que Mardig ya tiene ochenta y seis años, que él ya ha vivido su vida y que ahora nosotros debemos vivir la nuestra. Estoy de acuerdo. Pero, por otra parte, se le ve tan desvalido, tan inocente. Su estancia aquí me ha mostrado muchas posibilidades. ¡La vida está llena de ellas! Además, él no hace todas esas cosas a propósito. Sí, hay días que se pone terriblemente terco, pero por lo general no se da cuenta de que está siendo molesto.

Así que, fue después de estos incidentes cuando por primera vez trasladé esta pregunta a *mi familia* del grupo de apoyo: «¿Cuándo te das cuenta de que ya no puedes más? ¿De que ya no te sientes capaz de seguir cuidando de tu ser querido?».

«Tú misma te darás cuenta», me dijo alguno. «No podemos decírtelo porque a cada uno le sucede manera distinta», añadió Paul.

Esta respuesta me decepcionó. *Qué manera tan sencilla y tan genuina de evadirse y dejarme sin ninguna respuesta útil. No era eso lo que yo necesitaba, ¡y menos aún de la que se había convertido en mi segunda familia! Nunca había pasado por este trance. ¿Cómo sabré que ya no puedo más?*

Con el paso de los meses supe que estaban en lo cierto. Cada uno conocía sus límites. En los cinco meses que mi padre vivió con nosotros, hubo muchos momentos en los que estuvimos a punto de darnos por vencidos. «Sólo tendríamos que llevarlo de vuelta a Milwaukee y dejarlo allí», decíamos, después de algún día particularmente difícil. «¡No le debemos nada! Ya le hemos ayudado mucho más que cualquier otro miembro de la familia».

No podíamos llevarlo de vuelta. Habíamos tomado esta responsabilidad. Teníamos que asumirla hasta el final. David y yo hacíamos verdaderos sacrificios por mi padre. Dedicábamos los fines de semana y noches enteras a su cuidado. Y eso no estaba teniendo un efecto positivo en nuestra relación.

Todo era agotador... El errático horario nocturno de Mardig, su creciente desorientación y confusión, sus periodos de incontinencia. David se iba al trabajo cada día, mientras que yo, con un fuerte resfriado, me quedaba en casa, convertida en la madre de mi padre enfermo.

Mardig se negó a alejarse de mi lado cuando estuve enferma. Me tocaba las manos y después comía, sin lavarse previamente las suyas. «¿Qué me puede hacer un pequeño germen?», respondía cuando David y yo le pedíamos que se lavara las manos.

Mardig pasó por dos fuertes periodos de incontinencia: el primero, cuando estuvo con gripe; el segundo, después de comer pienso del gato. Mientras estuvo con gripe nos centramos en controlarle la fiebre. Aterrada, llamé al médico cuando la temperatura empezó a rozar los 40° sin dar señales de descender. El médico nos recomendó que le diéramos Tylenol®. El efecto fue inmediato. Cada pocas horas le ponía el termómetro, y si la fiebre había vuelto a subir, le daba Tylenol®. Estaba muy confundido, hasta el punto de no saber siquiera cuándo y cómo usar el cuarto de baño. Tampoco tenía conciencia de las horas del día. Y no podía expresarse con claridad.

En estas circunstancias descubrí la profundidad de mi compasión y mi afecto por mi padre. Las heces le caían por las perneras de sus pantalones mientras le llevaba al baño. Lo ayudaba a llegar hasta el retrete y después limpiaba todo lo que había ensuciado. Alguna vez pisé un resto en su habitación, *¡heces humanas!*

Se comió el pienso del gato que guardábamos en una bolsa de plástico dentro de un armario de la cocina. *Dicen que muchos ancianos* son tan pobres que comen comida de perros, ¡mi padre se había comido la del gato! Le provocó una diarrea tan fuerte que se aliviaba donde podía. Encontramos restos fecales en su habitación, en el corredor, y en los veinte pasos que separaban del salón. *Definitivamente, tendríamos que mandar a limpiar las alfombras.*

Cada mañana me levantaba a las 4:30 al objeto de limpiar un poco. Primero, iba a ver cómo estaba su baño. «Es mejor arreglar un desastre pequeño que otro más grande», razonaba. Encontraba heces y orina en el suelo y sus calzoncillos manchados en el lavabo. *Si su ropa interior estaba en el lavabo, ¿qué llevaría puesto?* Empezaba cada mañana con un bote de lejía, toallas desechables y fregando su baño hasta dejarlo limpio. ¡Qué manera de empezar el día!

Percibíamos que se acercaba el momento en el que ya no podríamos tenerlo en casa.

Para atravesar todos estos altibajos, el grupo de apoyo fue indispensable para mí. Sin esta segunda familia me hubiera sentido sola, incomprendida, en territorio desconocido. Francamente, no hubiera sido capaz de soportarlo. Era un grupo de personas que, cándidamente, compartía sus experiencias y me ayudaban a comprender lo que le estaba pasando a Mardig. Al compartir sus experiencias conmigo, me ayudaban a prever lo que podría pasar con mi padre. Ellos ya lo habían intentado todo. Sus experiencias me permitieron cuidar mejor de Mardig. A cambio, así como yo aprendía de ellos, también les ofrecía ideas. *No es difícil obtener conocimientos sobre este tema en poco tiempo. Yo gané experiencia suficiente como para aconsejar a quienes se iniciaban en este recorrido.*

John Bradshaw dijo: «Cuando te integras en un grupo de apoyo, quédate por lo menos un año, y hasta tres, para sacar el máximo provecho de la experiencia». Tenía razón. Una o dos sesiones no ayudan. Hay que desarrollar una relación de confianza con otras personas sobre aspectos muy personales. Lleva tiempo cultivar la confianza y el respeto mutuos, así como los sentimientos que acompañan a relaciones tan especiales. Así me pasó, empecé asistiendo a una reunión y poco a poco fui desarrollando una relación con gente que llevaba reuniéndose durante meses, incluso años, antes de que yo me hiciera parte de su familia.

Me alegro de haberlo hecho... por el bien de mi padre, ¡y por el mío!

TERCERA PARTE

Inmersión en la incertidumbre

Once

La decisión más difícil

*En enero de 1997, llenos de incertidumbre sobre el futuro, David y yo tu-
vimos que afrontar la decisión más difícil sobre el cuidado de mi padre. Consideramos cada detalle con mucha mayor atención de la que habíamos puesto meses
antes cuando decidimos traer a mi padre a vivir con nosotros.*

David y yo pusimos sobre la mesa todas las posibilidades
que teníamos para el cuidado de mi padre. Luego, examinamos las
ventajas y las posibilidades de éxito de cada una de ellas. Nos quedaron tres alternativas:

1. Comprar una casa más grande. Mi tío nos sugirió que usára-
   mos el dinero que quedaba de mi padre y compráramos una
   casa más grande y más bonita para los tres. Al principio,
   cuando Mardig vino a vivir a California, habló de comprarse
   una casa. Si comprábamos una casa más grande con su dinero,
   tendríamos la sensación de estar aprovechándonos de él. No
   nos sentíamos cómodos con esta posibilidad. También temíamos que mis hermanos reclamaran si se enteraban de que estábamos beneficiándonos económicamente. Además, no queríamos vernos con la responsabilidad de vender la casa y

encargarnos de todos los trámites de la herencia a la muerte de Mardig.

Una de las participantes del grupo de apoyo había hecho algo parecido. Su madre compró una casa más grande. Ella y su familia (marido e hijos) ocupaban la primera planta y su madre la planta baja. Con el tiempo, su madre comenzó a maltratarla verbalmente. Sus accesos de ira resultaban dolorosos y alteraban a toda la familia. Pero como vivía en la casa de su madre, se sentía obligada a cuidarla.

El comprar una casa más grande se justificaba por la necesidad de contratar a un cuidador a tiempo completo para Mardig. Alguien que pudiera estar con él por lo menos 16 horas al día. Y nadie querría trabajar tantas horas. Otra alternativa sería contratar a varios cuidadores para que trabajaran por turnos. Tendríamos que dedicar bastante tiempo a encontrar personas cualificadas. *¿Cómo valorar la capacidad de una persona para llevar adelante este tipo de trabajo?* Sería un proceso sujeto a múltiples pruebas. *¿Quién tendría tiempo para algo así?* Además, tendríamos que pasar por todos los trámites como empleadores: seguridad social, impuestos, etc. Si lo hacíamos a través de una agencia, los costos serían mayores, y tampoco estaríamos seguros de la calidad y de la disponibilidad de tiempo. ¿Qué pasaría si David y yo tuviéramos que viajar por motivos laborales y la persona contratada no aparecía puntual a la hora de su turno?

También *nosotros* podíamos comprar una casa más amplia, pero no queríamos dejar la que teníamos. Dada la constante fluctuación de precios en nuestra zona, no queríamos arriesgar nuestro capital en una inversión de ese tipo.

2. Internar a Mardig en un hogar-residencia. Los que habíamos visitado estaban formados por una pareja que vivía en una casa

grande en la que atendían a los residentes que vivían con ellos. Esto representaba trato personal. Además, podríamos visitar a mi padre. *¿Pero cómo olvidar los casos de malos tratos de los que habíamos oído hablar, o de la negligencia en el cuidado?* Podríamos cerciorarnos de su funcionamiento realizando visitas intempestivas. *¿Pero cómo podríamos estar verdaderamente seguros?* Aun así, esta opción era atractiva: una casa cálida y confortable y un ambiente familiar.

Todo lo que teníamos que hacer era encontrar una buena familia. Esto sería más fácil de lo que imaginábamos, pues encontramos una en nuestro mismo vecindario. La familia parecía amable. El único obstáculo era que sólo cuidaban de ancianas discapacitadas. Mi padre no era ni lo uno ni lo otro. Además, la valla de la casa apenas medía 1,20 m. de altura. A Mardig le gustaba deambular y podría fácilmente superar esa valla. Seguimos buscando otra residencia-hogar cuyos dueños tuvieran las puertas bien cerradas, de modo que los andarines como mi padre no pudieran escaparse. En nuestra búsqueda descubrimos que para tener unas puertas muy seguras que eviten que los residentes se escapen a la calle, se requieren licencias especiales, dadas las normativas de salidas de emergencia. Ninguna de las casas que visitamos tenía estas licencias.

3. Considerar una residencia especializada. Unos meses antes habíamos pasado por una residencia próxima a casa y nos pareció desagradable la idea de tener a personas internadas en un ambiente institucional. Semanas después, Mardig, David y yo visitamos el lugar. Era *muy* institucional: paredes blancas, ambientes esterilizados y el persistente olor a sustancias de limpieza. Ciertamente, estaba limpio. Cuando preguntamos por el mo-

tivo de aquel olor tan fuerte, nos dijeron que había muchos residentes que estaban desorientados y a veces orinaban en los corredores y en sus habitaciones. La residencia combatía ese comportamiento con constante limpieza.

¿Cómo íbamos a arrancar a mi padre de nuestra cómoda y agradable casa, de alfombras suaves y sillones cómodos, de su mesa de noche y de su cama cálida, con sábanas de felpa, para meterlo en una residencia tan esterilizada, de suelos fríos y paredes blancas? Sólo imaginarlo resultaba doloroso. Cuando terminamos de ver el lugar, Mardig preguntó: «¿Era para mí?».

«Sí», le respondimos francamente, impresionados por su candor y temiendo que reaccionara mal.

«Será un buen sitio para vivir cuando me jubile», añadió. Al oír esto, nos sentimos aliviados.

Después de todo, nos justificamos, estaría atendido las veinticuatro horas del día en una residencia homologada que contaba con todas las licencias. Esto garantizaba continuas inspecciones y que no se cometieran abusos.

Unas semanas después decidimos que la tercera opción era la mejor y la más segura.

Faltando menos de una semana para que admitieran a Mardig, David y yo volvimos a hablar sobre nuestra elección. Teníamos planificado un viaje laboral para febrero y Mardig necesitaba a alguien que lo cuidara. El medicamento que estaba tomando en fase experimental no había mejorado sus capacidades tal como esperábamos. Nos consolábamos pensando que si la situación de Mardig mejoraba, podríamos traerlo de nuevo a vivir con nosotros.

Para asegurarnos que las cosas fueran bien, organizamos todo para que Mardig entrase en la residencia una semana antes de nuestro viaje. Si no daba buenos resultados, tendríamos que buscar otra solución. Si su situación mejoraba, lo llevaríamos a casa. Esta idea nos ayudaba a afrontar la pena de dejar a Mardig. Pero lo más difícil sería decírselo a él. *Ya no dormiría en su cómoda y cálida cama. Ya no desayunaría ni cenaría con nosotros. ¿Sobreviviría? ¿Cómo reaccionaría?*

El estrés y la confusión me estaban matando. Volví a escribir mis emociones en mi diario.

24 de enero de 1997

Un día de altibajos emocionales... mucha presión emocional...

Anoche, oímos el zumbido de la maquinilla de afeitar de Mardig. Eso significaba que se estaba preparando para ir al *trabajo*. David le dijo que teníamos que acostarnos porque era de noche. Mardig se rio, como hace siempre que no está de acuerdo con algo. ¡Debe haberse quedado despierto un buen rato más!

A las 7:45 entré en la habitación de Mardig. Dormía. Era raro... pero, de pronto, se despertó seguro de que era de día, como la noche anterior. Le dije que se levantara. Quería dormir diez minutos más. Le dije que a las 9:00 yo tenía una cita y que ya eran las 8:32, si se dormía otros diez minutos, seguramente llegaría tarde. Dijo: «Vale», y le di la mano para ayudarlo a levantarse. Se levantó sin mi ayuda, diciendo que mis dedos eran tan delgados que se caería si tenía que apoyarse en ellos. *Mmmm.*

Se vistió rápidamente y de inmediato preguntó por sus zapatos (ésta es la pregunta que lleva acompañándonos mucho tiempo).

Salimos hacia el Centro de Día. Le dejé en la puerta y Ellie, que estaba esperando, le llevó adentro.

A las 9:00 fui a la oficina del abogado para tratar asuntos relativos a las propiedades de Mardig: tasar el valor de las pertenencias de su casa, tasadores, donaciones, etc. Yo había hecho una lista de necesidades en orden de prioridad. A 200 dólares que cuesta la hora de consulta, ¡¡¡tenía que entrar y salir de allí rápidamente!!!

A las 10:15 fui a la residencia para rellenar un montón de impresos de ingreso para mi padre. Hasta casi las 12 del mediodía no terminamos de rellenar aquella pila de documentos. El empleado administrativo nos había enviado con la suficiente antelación los documentos, lo que nos permitió anotar al margen dudas y observaciones. De esta manera, podríamos hablar sobre asuntos específicos cuando nos recibiera la responsable directa. Estaba tratando de ser eficiente. El administrativo me dijo que otros familiares no hacían tantas preguntas ni revisaban las cosas con tanto detenimiento (estos son los genes de Mardig). Aun así, pasar por todos esos trámites era demasiado para mí. Pero pude concentrarme en los documentos y reprimir mi malestar cuando entré en la oficina de la encargada. Antes de marcharme, pude conocer al que sería el futuro médico de Mardig y hablar con él unos minutos.

Al terminar el papeleo y salir a la calle empecé a temblar. Me desorienté, no podía pensar. Era después del mediodía y tenía que pasar por la papelería a comprar papel. Me quedé paralizada. No sabía dónde ir a continuación. No se me ocurrió mirar la agenda para ver qué tocaba hacer a esa hora. Los que me conocen saben que regirme por la agenda es tan natural para mí como respirar. Llamé a casa por si había mensajes. No había. Me encaminé, pues, al banco para hacer un par de transferencias y retirar dinero.

Al volver a casa, me sentí aliviada por tener los asuntos de Mardig en manos de un abogado, y su cuidado a cargo de una residencia especializada.

En el fondo de mi corazón sabía que estaba haciendo lo mejor que podía hacer por él. También sabía que algún día todo esto sería examinado, dada la precaria relación que había con mis hermanos. Siempre dejé claro que haría lo que considerase mejor para Mardig; para ello conté con la ayuda de expertos, lo que me permitía tener justificadas todas mis acciones.

Sin embargo, el futuro depara sorpresas inesperadas e incertidumbres...

Lunes, 27 de enero de 1997, 5:29 a.m.

No podía dormir más. David se fue a las 4:29 de la mañana para adelantar algo de trabajo para que el jueves podamos estar juntos a la hora de llevar a Mardig a la residencia. En mi mente se agolpan las ideas sobre *el día* en que tengamos que internarlo.

Anoche David y yo tuvimos una larga discusión sobre lo que sentimos y pensamos por tener que darle la noticia a Mardig. *Es nuestra obligación moral y es lo mejor... además de que nos sentiremos más tranquilos tras encarar las cosas y contarle la verdad. Por otra parte, Mardig no se acordará de los detalles; posiblemente sólo asociará la sensación que tuvo al oír la noticia. Seguro que hará preguntas una y otra vez, y se sentirá dolido.* «Eh, Mardig, te irás a vivir a una residencia». Si le dijéramos la verdad, diríamos: «Vamos a llevarte allí para que estés al cuidado de un médico y de gente que te ayudará a estar más activo. Como también estás en el estudio farmacológico, esto puede incrementar tus posibilidades de mejora. Además, David y yo estaremos de viaje, fuera de casa una o dos semanas, y queremos asegurarnos de que estás bien cuidado, que tus comidas estén bien preparadas y que tengas atendidas otras necesidades».

La incertidumbre sobre reacción nos preocupaba y no nos dejaba dormir. *Vivimos en un país libre, e incluso una persona con Alzheimer que haya otorgado a su hija un poder sobre sus asuntos financieros y sobre su salud, tiene el derecho a rechazar que se le interne en una residencia.*

Así pues, ¿qué hacer?

Aquí estoy, despierta esta mañana, dándole vueltas a los pensamientos en mi mente: «¿Qué más puedo añadir al contrato de internamiento de Mardig para asegurarme de que todas sus necesidades quedan documentadas y atendidas? Tengo que volver a leer y escribir algunas notas en el documento de seis páginas sobre los derechos del residente». También he estado pensando en las cosas que hay que llevar (ropa y efectos personales) cuando le internemos el jueves y en los amigos a los que puedo llamar para que vayan a visitarlo cuando estemos de viaje.

Suspiro. Esto es todo por ahora. Es hora de preparar un poco de café (5:40 de la mañana).

En los días previos a su ingreso en la residencia, empecé a grabar en vídeo algunos momentos con Mardig. Grabé el 26 de enero de 1997, mientras esperábamos a que llegaran Dave y Jan para ver juntos la Súper Copa, que ganarían los Green Bay Packers. Éramos cuatro de Wisconsin contra uno originario de Pennsylvania (David). Mardig estaba sentado en el comedor, leyendo el periódico del domingo e intentando ahuyentar a Djermag, nuestra gata blanca, que comparte su gusto por los periódicos. A Mardig le encanta leerlos. A Djermag le gusta envolverse en ellos.

Yo quería captar todos los momentos que pudiera con mi padre. La siguiente vez que lo grabé fue la noche antes de su ingreso en la residencia. Durante tres días me había estado debatiendo conmigo misma y aún no me había atrevido a decirle dónde lo llevaríamos. Pero tenía que hacerlo. Se lo debía.

Miércoles, 29 de enero de 1997

Me levanté temprano y empecé a trabajar a las 5:40. Muchas cosas en la cabeza, un nudo en el estómago, ácido, ardiente. Tomé un Rolaids[6]. Estaba la ansiedad por la separación de un miembro de la familia otras cosas, como el comportamiento y las decisiones de otras personas que trataba de entender.

Mardig y yo nos saludamos a eso de las 5:00, después de haber oído el pitido de su audífono. Aquel sonido agudo nos había despertado muchas veces en los meses anteriores. Mardig solía quitárselo en cualquier parte y lo dejaba encendido. Si se ponía algo cerca, empezaba a pitar. Al ir a su habitación a apagarlo, ví que mi padre ya estaba levantado. Le pedí que volviera a la cama. Para mi sorpresa, me dijo: «Por ti, lo haré». Yo pensé: «¿Por qué tienes que ser tan dulce y comprensivo sólo un día antes de marcharte?». Lo ayudé a arroparse con las mantas.

Fui a mi despacho para empezar a trabajar.

Poco después, Mardig se levantó para ir al baño. Y vino a mi habitación para hacer la terrible pregunta que provoca terror en David y en mí: «¿Dónde están mis zapatos?».

Una vez más, después de conversar un rato, le pedí que volviera a la cama. Se negó, diciendo que prefería estar levantado pues ya había ido a la cama varias veces. Se fue al salón y se sentó en un sillón.

---

[6] Fármaco antiácido de uso común en EE.UU. (n. del t.).

Seguí con mi trabajo. Anoche y esta mañana busqué algún correo electrónico de mi hermana. Ninguna respuesta. Le envié un mensaje explicándole la situación: teníamos que salir de viaje por motivos laborales y Mardig necesitaba atención. Me hubiera gustado que ella me dijera algo. Nada. *Tenía que hacer todo sola.*

David y yo hablamos sobre mi hermano. Para nuestro asombro, no había llamado ni una sola vez. David me preguntó si lo llamaría o intentaría localizarle. Yo creía que tenía que hacerlo. Alguno de nosotros tenía que comportarse razonablemente. Además, todas las familias tienen algún miembro como él: que vive de espaldas a cargas y responsabilidades, que nunca escribe ni llama para preguntar cómo está su padre, que recibe considerables sumas de dinero por medios cuestionables, que está apegado a su madre mientras recibe beneficios a cambio pero que no vuelve a aparecer cuando ella muere. Aunque mi hermana también hizo lo mismo. *¿Por qué las familias terminan así? Yo siempre había creído que estábamos unidos.* Si alguien tenía que haber dado la espalda era yo. Me fui de casa a los dieciocho años, nunca recibí ninguna ayuda y nunca había vuelto.

Me levanté para prepararme un poco de chocolate caliente. Supongo que lo bebí para calmar el malestar de mi estómago y calentarme un poco. ¡He pasado las últimas doce horas con escalofríos! Debe ser el estrés por tener que dejar a mi padre. Luego, se me ocurre pensar que a Mardig le debe de estar pasando lo mismo. Debería preparar un poco para él. Ésta es su penúltima mañana aquí; suena tenebroso, así que me repito una y otra vez: «¡No se va a morir! Esto no significa que no vaya a volver a verle». Sin embargo, será un cambio grande para él y para nosotros. Le llevo un poco de chocolate caliente con miel. Le encantan las cosas dulces.

¿Debería quedarme y charlar con él? ¿Pasar un poco de tiempo juntos? ¿O debo seguir poniendo mis pensamientos por escrito? Sé que cuando esté

viviendo fuera de aquí, tendré más tiempo, paciencia y energía para darle. Pero, cuando alguien ocupa una parte importante de tu tiempo y de tus pensamientos, su ausencia repentina creará una sensación mayor de vacío, porque ya nadie precisa de tus esfuerzos.

Hora de hacer su chocolate y conversar un poco con él (6:47).

Aquella noche, después de haberme torturado pensando en cómo decirle a Mardig que se iría temporalmente a vivir a otro lugar, le dije que quería grabarlo. Para mí era muy importante guardar en vídeo esos momentos tan especiales que marcarían una transformación en nuestras vidas. Él dijo: «Vale».

Yo estaba nerviosa. No sabía cómo empezar. Me preguntó qué quería que hiciera. Le invité a que tomara asiento. Una vez que tuve la cámara lista y él estuvo sentado, empecé haciéndole preguntas generales sobre cómo había pasado el día.

«¿Qué hiciste hoy?».

«Estuve intentando leer *People*... eh, el manual de *People*...».

«... el *Almanaque de People*», completé.

«Sí».

«Entonces, ¿qué hiciste hoy?», pregunté otra vez. «¿Lo recuerdas?».

«En realidad, nada. Tú lo hiciste todo».

«Entonces, ¿qué hiciste tú?». Repetí la pregunta, enfatizando el *tú*.

«Bueno, me llevaste al médico. Fuimos allí para que nos dijera que no me estoy desmoronando». (Lo había llevado al podólogo).

«Fuimos al sitio nuevo», continuó.

No entendí a qué se refería, de modo que le hice otra pregunta. «¿Recuerdas qué hiciste... en la casa que está detrás de la iglesia?». Me refería a la casa a la que llamábamos Centro de Día.

«Sí».

«¿Te organizaron una fiesta?». Roberta me había dicho que le harían una pequeña fiesta por ser su último día. Suponía que se la habían organizado, así que traté de forzar su memoria.

«¡Nooo!», dijo, negando con la cabeza. «No le organizarían una fiesta a nadie. Si me estuviera graduando, tendría que pasar por el aro y organizar una fiesta para ellos. Además, yo simplemente me estoy yendo, "Por Dios, hay que hacer sitio porque vienen otros"», dijo, como si estuviera hablando con ellos.

Esta conversación tan genérica continuó. Apenada, intentaba ser paciente, pues quería empezar a hablarle sobre lo que le iba a suceder. Intentaba encontrar una forma muy suave para cambiar de tema y decírselo. Llegó el momento en que, angustiada, no pude más, y me decidí a hablar.

«Mardig, ya no interesa mucho lo que hiciste en tu último día... ¿sabes por qué?», le pregunté con torpeza.

Empezó a toser y dijo: «Ten cuidado cuando hablas de "tu último día"...». Se levantó par ir a escupir. Cuando volvió continuó: «Cuando dices "último día"... no entiendo qué quieres decir con eso».

No sabía qué decir. Me sentía muy incómoda. «Bueno, ya sabes, has estado yendo todos los días al centro [de cuidado]. Todos los días has ido al centro...».

«Sí...».

«Y hoy ha sido tu último día».

«¿Qué quieres decir?».

«Que mañana vas a empezar con otra cosa». Estaba siendo evasiva. No sabía cómo decirle lo que debía decir.

«¿El qué?», preguntó. Aunque llevase el audífono, preguntaba continuamente sobre lo que creía haber escuchado.

Repetí: «Que mañana vas a empezar con cosas nuevas».

«Ah, eso suena bien. Dime de qué se trata», dijo. «Quizás no me guste, pero cuéntame». *Este último comentario no me facilitó en absoluto las cosas.*

«Bueno, espero que te guste», intenté mostrarme lo más entusiasta que pude. «Sí, mañana irás a... espera un momento, tengo que hacer algo». Quería comprobar que había suficiente cinta en la cámara para seguir grabando. *Qué momento tan inoportuno para detenerme. ¡Había sido tan difícil llegar a este punto!*

Empezó a farfullar mientras me miraba. Farfullaba cuando estaba contento o nervioso. De pronto, rompió aquel silencio embarazoso y dijo: «Hace poco tiempo, cuando dijiste que... ahh... tan íntimos como somos... a veces, no sé... ¡eh!, ¡es una niña!». Se volvió hacia David, que acababa de acercarse.

«¡Sí! ¡Sí!», dije, dándole la razón en que yo era una niña. *Debió de haber tenido dificultades para reconocer mi género. Muchas veces comentaba que yo era muy guapo y que no tendría problemas para encontrar pareja. Incluso intentaba buscarme parejas entre las voluntarias y el personal femenino del Centro de Día.*

«Esas cosas no me ocurren a mí, porque hay una diferencia. Pero hay que dejar las diferencias como están...».

Empecé a bromear: «Ella tiene cosas de chica y tú de chico», le dije.

«Eso deja la cosa en tablas, ¿no?», bromeó.

Estaba intentando desesperadamente decirle que su vida cambiaría a partir del día siguiente. Así que continué: «Entonces, mañana inicias una nueva fase en tu vida. Mañana te llevaremos a un lugar donde te van a tratar... donde habrá médicos que te tratarán». *El único consejo que nos habían dado era que le dijéramos a Mardig que iría a otro lugar. Nos recomendaron que se lo dijéramos poco a poco. Que le dijéramos que estaría allí uno o dos días. Una vez que estuviera allí, el personal iría ampliando el tiempo a tres o cuatro días y luego a una semana, un mes, etc. Yo lo estaba traicionando. Allí se encontraba él, sentado, tan confiado, tan inocente, ¡tan desvalido!*

Tuve que echar mano de todo mi valor para continuar: «¿Te acuerdas cuando te apuntamos en ese estudio farmacológico?».

«¿No lo terminamos ya?».

«No, todavía falta un poco».

«Esa cosita blanca, la... bueno, todavía la tenemos. Todavía la he tomado hoy, incluso», dijo.

«No, ayer, anoche tomaste un poco», aclaré innecesariamente. Me sentía muy incómoda e intentaba que no se me notara.

Él se adelantó y dijo: «Bueno, es una continuación de eso, en otras palabras, es un mismo nivel de lo que yo llamaría...». Me estaba poniendo las cosas más fáciles. *¿Por qué tendría que hacerlo? ¡Si yo lo estaba traicionando!*

«Bueno, es un lugar donde estarás interno, lo que significa que pasarás las noches allí».

«¡Ah!».

«Porque llevará varios días».

«¡Ah!».

«Y tendrás que participar en actividades diarias. Hay bastante personal, y ellos te harán pasar por todas esas actividades. Confiamos en que, si te mantienes estimulado y prosigues con el estudio farmacológico, quizás puedas mejorar un poco». *Mi cerebro estaba funcionando como un espagueti húmedo. Pero sabía que si dejaba de hablar, me derrumbaría. Proseguí. Tenía que llegar hasta el final. Él tendría que oír lo que tenía que decirle. Yo sentía que lo estaba traicionando, pero si seguía hablando, quizás encontraría las palabras que le dijeran algo que le resultara agradable. Así que continué:* «La razón por la que estamos haciendo esto es porque David y yo tenemos que ausentarnos por un tiempo».

«¿Sí? ¿Por cuánto tiempo os vais?».

«Dos semanas», y enfaticé: «Y tenemos que buscar a alguien que cuide de ti mientras estamos fuera». *¿Cómo llegué a decir esto?*

«Una criada, quieres decir», dijo esto moviendo nerviosamente la cabeza.

Se tapó la boca con una mano. Durante toda la conversación, excepto cuando gesticulaba, se estuvo tapando la boca con la mano izquierda. Esta no era su costumbre. Por lo general, descansaba sus manos sobre los brazos de la silla o de la mecedora.

«No, no será así, porque tú estás desorientado y necesitas ayuda...».

«No, no... no... entiendo», intentaba despistarme.

«¿Eres consciente de esto?». Quería saber si él se daba cuenta de su desorientación.

«No, no sé a qué te refieres, pero hay una diferencia cuando tú... ehh... llegas a un estado... primero eres un niño. Te trato como a un niño, no eres nadie. Quiero decir que puedo ser impersonal contigo y tú supuestamente tienes que aceptarlo, y de pronto ya no hablas con ella...».

«Bueno, no has dicho nada inadecuado», lo tranquilicé. Cuando me veía como a un hombre, me hablaba sobre el aspecto de las mujeres y empezaba a actuar como una celestina.

«Bueno, yo...».

«Eres muy diplomático», añadí. «Lo eras cuando yo era pequeña y lo sigues siendo». Quería halagarlo. «Sólo quería avisarte.

Te irás a ese lugar y allí evaluarán tus progresos. En febrero, llegará una especialista de Granada Hills para examinarte. Cuando ella...».

«¿Ella?».

«Sí, ella vendrá. Cuando llegue, David y yo estaremos todavía fuera, así que tendrás que portarte bien», le dije, en tono gracioso.

«Bueno, ¡es difícil saber si me malcomportaré (sic)!», dijo, moviendo la cabeza con ironía. «Actuaré como cualquier *otro hombre*», dijo, enfatizando su género masculino.

«¿Todos los hombres son iguales, verdad?». Me empecé a sentir menos angustiada.

«Es cierto», apuntó.

«Quería que lo supieras porque cambiará tu vida por un tiempo. Has pasado muchas noches con nosotros, pero como ellos tienen que examinarte, ahora no podrás pasar las noches aquí».

«¡Oh! ¿Dónde estaré?».

«No estarás muy lejos de casa».

«¡Oh!», dijo, tapándose la boca con la mano.

«¿Podré ir andando?».

«No, iremos nosotros».

«Bueno, creo que lo podré hacer, especialmente si no llueve».

Eso era todo lo que yo quería hablar sobre el día siguiente. Cambié de tema e intenté que me respondiera a algunas preguntas para probar su estado de conciencia. Era un buen ejercicio, antes de que la enfermedad avanzara más.

«¿Sabes en qué Estado estamos?».

«Ahora van a empezar los problemas», negó con la cabeza y miró a David. Habíamos tocado el tema muchas veces en las últimas semanas. Aún no se creía que estuviéramos en California.

«Bueno, ¿en qué Estado estamos?», repetí.

«La geografía dice», movió negativamente la cabeza y añadió: «El nombre».

«¿En qué parte del país estamos?». Intentaba facilitarle las cosas.

«Al este del país», respondió.

«¿En qué Estado?».

«Nueva York».

«¿Estamos al este del país en Nueva York?», inquirí, para clarificar las cosas.

«Buena parte de Nueva York está en esta parte del país... Bueno, la verdad es que tengo un banco allí que está todavía en el agua y no se ha movido... lo último que supe es que todavía tengo el mismo nombre».

Se me ocurrió cambiar al tema de la familia: «¿Cuántos hijos tienes?».

«Ah, esto se pone bueno», respondió, mirando a David y volviéndose luego a mí.

«No, ¿cuántos hijos tienes?».

«Tres», dijo con soltura.

«¿Cómo se llaman?».

«[El nombre de mi hermano]... Ahh, ¿cómo se llama el duque?».

No sabía de quién hablaba. «¿Cuántos hijos? ¿Cuántas hijas?».

«Tres chicos y una chica», respondió rápidamente.

«Eso hace cuatro», dije. «Hace un rato dijiste que eran tres».

Empezó a dudar.

«¿Cuántos hijos tienes?», quise intentarlo de nuevo.

«Tú eres una...», y luego añadió: «Brenda. Hay una que vive un poco al norte de donde estamos nosotros, y hay otro con el que tengo una relación muy puntual... No creo haber visto siquiera su cara».

«¿Cómo se llaman tus hijos?».

«Brenda», dijo.

«¿Cómo se llama el que está en el medio?».

«Uhhh».

«Tu hija... Tienes dos hijas y un hijo».

«¿Y un hijo?», preguntó. «Eh, ¿qué hiciste con el otro hijo?», dijo, sonriendo.

«Nunca tuviste otro hijo. Bueno, déjame decirte que, por lo menos en todos los años que viví en tu casa, nunca supe que tuvieras otro hijo. Pero si ahora resulta que tuviste un hijo por otra parte, apagaré la cámara y podremos hablar sobre ello».

Nos reímos.

«¿Es una cámara de vídeo?».

«Sí, podemos verla después por la tele... Después te podrás ver en la tele». Por sus problemas de oído, tenía que repetir continuamente las cosas y hacer comentarios breves.

«Resulta un poco estúpido, ¿no?», señaló.

«Para nada, ¿por qué piensas eso?», pregunté. *Estaba empezando a sentirme menos mortificada por lo que le íbamos a hacer, y de pronto sale con ese comentario.*

«Sarcástico», fue su única palabra de respuesta.

«Ah».

«Contrariado e incapaz de controlarse», añadió.

De pronto apareció nuestra gata negra, a la que le encantan los mimos. La levanté y la puse sobre su regazo. Pensé que sería una distracción agradable para él. No quiso que la sentara en su regazo: «No quiero a ningún extraño aquí». Siempre temía que nuestras *niñas* (nuestras gatas) le orinaran encima.

«¿De quién ha sido la idea, vuestra?», preguntó, con una claridad inaudita.

«¿Qué?». *No entendía.*

«Sacarme de aquí».

¿Cómo podía responder a una pregunta tan directa? «Estoy tratando de ver qué puedo hacer contigo y pensé que podrías disfrutar de...».

«Bueno, quizás yo tenga algunas tácticas femeninas».

Esto me tomó por sorpresa. «Explícate», le dije.

«Son niñerías, digamos».

«¿Quieres decir, dentro de ti?», inquirí.

«Sí, bueno, es que de soltero siempre estuve rodeado de mujeres, y luego en mi familia estuvisteis vosotras, tan cercanas y también mujeres; así, se te olvida la realidad de que son mujeres..., siendo un hombre».

«Bueno, yo estoy tratando de ver formas que ayuden a tu recuperación, si es posible...». Lo dije sin entender lo que él estaba intentando expresar.

«No pondré reparos», se adelantó.

«... será bueno si lo haces. Mira, la enfermedad de Alzheimer es una enfermedad que desintegra las cosas. Pero... hay medicamentos y algunas terapias que pueden ayudarte a mejorar un poco. Hay lugares que te ofrecen más actividades de las que nosotros podemos darte. Llegas a casa y lees, pero eso no es estímulo suficiente, dar vueltas y...». *¡Estaba complicando las cosas tanto como él!*

Nuestra gata negra volvió a aparecer y saltó para sentarse sobre su regazo. Desvié la atención de Mardig hacia ella.

«¡Sal de aquí!», le gritó. Ella no hizo caso.

«Pero mira, qué lindo gatito», le dije con humor.

«¡Sal de aquí!», repitió.

«Nooo», bromeé un poco más. «Mira cómo se acomoda, tan confiada sobre tus mantas tan suaves».

También apareció nuestra gata blanca y se acomodó al pie de su armario. Las *niñas* nos distraían, así que apagué la cámara.

Me sentí mejor que antes y no dije nada. Pero seguía estando incómoda con la situación. En el fondo, sabía que le estaba mintiendo a mi padre. Aunque me hubieran asegurado que era por su propio bien. Sin embargo, yo sabía que no decía la verdad y eso me hacía sentir mal.

Aquella noche ni David ni yo logramos dormir. Mardig, por su parte, durmió profundamente. No lo oímos cuando se levantó. Yo quería grabar todo lo que hiciera aquella mañana, pero estaba tan cansada y tan nerviosa por lo que íbamos a hacer, que no quise complicar más una situación ya de por sí confusa. No obstante, grabé una breve secuencia, cuando David estaba afeitando a Mardig. Se había vestido solo, pero no se había afeitado, así que David se encargó de hacerlo, con sumo cuidado, mientras yo hacía algunos comentarios estúpidos, para tratar de evadirme de la sensación de vergüenza. En el vídeo ha quedado la imagen tierna y cálida de un yerno y su suegro.

Jueves, 30 de enero de 1997, 4:25 p.m.

Bien, ya está hecho... Llevamos a Mardig a la residencia asistida. Llegamos a las 9:00, media hora exacta de retraso respecto a la cita. Él entró confiado, siguiéndonos unos pasos por detrás, como había solido hacer en los meses anteriores. La asistente social lo recibió con mucha amabilidad y con una gran sonrisa, y le pidió que la acompañara. Atravesó con ella la doble puerta de la entrada.

Lo miramos mientras cruzaba el umbral... *aquel umbral...* las puertas cerradas por las que ya no podría salir a no ser que alguien pidiera su custodia. ¡Qué cambio en *su* vida, y en la nuestra!

Fue difícil y tuve que pagar el peaje. Los dos días previos habían sido una agonía, sin comer, sin dormir, emocionalmente desazonada, incluso tuve diarrea. David tampoco se sentía bien. Pero ahora que Mardig está en la residencia, me empecé a sentir mejor.

Todo ha sido un cambio continuo. Ha pasado de un lado de su vida a otro. Pero mis sentimientos en esta última transición fueron mucho más profundos que cuando tuvo que venir de Milwaukee a California.

Ahora está en una residencia especializada, y él piensa que estará en observación durante un par de días. La directora del servicio social, amable y encantadora, nos aseguró que no habrá problema, y que el personal irá ampliando paulatinamente el periodo de *observación.* Esto parece decepcionante. Sin embargo, es todo lo que puede saber una persona con Alzheimer. Es triste. La última traición.

Jonathan y Patti estaban allí visitando a sus parejas y prestándonos su apoyo. Unos días antes, yo había comentado con mi grupo de apoyo que aquel día internaríamos a mi padre. Hacía pocas semanas que Jonathan había tenido que pasar por el duro trance de internar a su esposa, Elizabeth, y comprendía muy bien lo que estábamos sintiendo. Cuando llegamos, nos saludó desde el otro lado de la puerta, y nos invitó a que almorzáramos con él después de que hubiéramos ingresado a Mardig. Aceptamos. Nos ayudó mucho en tan difícil trance.

Más tarde, Patti nos dijo que había intentado saludarnos mientras estábamos en una reunión a puerta cerrada con la directora del servicio social. El esposo de Patti, Ralph, se muestra muy cariñoso con ella. Esta mañana ha sido la segunda vez que lo he visto. Se me quedó grabada la manera tan especial con que mira a Patti: la cabeza inclinada, los ojos azules de bebé tiernamente abiertos y una sonrisa luminosa. Es una mirada que dice: «Qué hermoso es mirarte, mi amor». Estoy segura de que era un hombre encantador. Debió ser muy duro para ella tener que internarlo hace dos años.

El proceso de admisión fue prolongado. Empezó a las 9:00 y no acabó hasta las 12:45. Descubrí que ser minucioso, algo que heredé de mi padre, era útil: tomar notas, hacer preguntas, etc. De algún modo, hacía honor a Mardig preguntando tanto y tomando tantas notas. Él anotó muchas cosas durante mi infancia con todo detalle. Ahora yo tenía que hacer lo mismo por él. Más aun, yo pido todos los informes que se hacen: evaluaciones psico-sociales, historiales clínicos, etc.

La evaluación psico-social que hizo la directora del servicio social consistía en preguntas sobre la situación de Mardig durante el año anterior a su ingreso en la residencia y sobre su estilo de vida en sus años de juventud. En el formulario escribió: «Lee de todo, le gusta hacer cosas con las manos: mecánicas, eléctricas, cosas funcionales». «No hacía tantas cosas de éstas para la familia porque trabajaba mucho». La directora preguntó si tenía otros hijos.

«Dos más», le dije.

Preguntó si le visitarían.

«Probablemente no», le dije, con cierta seguridad. *Es una pena, pero después de haberle escrito a mi hermana diciendo que íbamos a internarlo, no recibimos respuesta, ni siquiera un acuse de recibo del mensaje que le mandé. Y eso que el abogado le había enviado la suma de dinero anual que mi padre reservaba para ella.¿Tendríamos noticias suyas más adelante?*

Preguntamos por qué preguntaba todo aquello. La directora del servicio social nos dijo que esa información servía para establecer un punto de referencia sobre la situación de Mardig en el momento del ingreso. Éste quedaba registrado por la posibilidad de un proceso judicial.

«¿Un proceso judicial?», preguntó David.

«Sí», respondió, y nos explicó que muchos familiares aseguran haber visitado a diario y haber jugado un papel activo en la vida de la persona, cuando con posteridad intentan negociar un acuerdo sobre la herencia.

También conocimos a la enfermera supervisora. Teníamos que tomar una decisión respecto a la asistencia sanitaria que recibiría Mardig. ¿Queríamos que pasara por tratamientos de reanimación, de supervivencia asistida, etc.? Optamos por ser específicos. En lugar de responder con un simple «sí», o «no», solicitamos formularios especiales CPR, de modo que, en el momento de llevarlo a un hospital, esperaríamos a conocer el diagnóstico del médico para determinar qué tipo de asistencia urgente necesitaba. *Cuando pienso en esto, ¡me asombran las múltiples derivaciones que un simple «sí» o «no» pueden tener! ¿Qué pasaría si su corazón tenía un paro momentáneo y habíamos puesto «no» en el formulario? No sería reanimado y lo dejarían morir. Si no le damos esa opción, no tiene ninguna posibilidad, punto.*

Mardig ya nos había preparado. Había expresado su oponión sobre las medidas que quería en cuanto a salvar su vida. Recuerdo bien aquellas discusiones en la cocina y en el sótano de su casa en Milwaukee. Dijo que no quería que su vida fuera prolongada artificialmente si la situación era irreversible y terminal. Independientemente de lo que nosotros podamos sentir, consideramos que es *su* vida y es *su* potestad decidir cómo quiere vivir y cuándo quiere morir. Podremos determinar sobre respiración asistida, alimentación por sonda, etc., sólo después de conocer el diagnóstico que su médico le haga en el hospital. En esencia, Mardig diría: «Si el pronóstico es terminal y la supervivencia artificial es mi único modo de sobrevivir, dejadme morir».

Sally acaba de tomar esta decisión sobre su padre. Respondiendo al deseo de éste, pidió que no le hicieran diálisis. Sus riñones eran muy débiles y no funcionaban. Viviría hasta que las toxinas (que los riñones filtran cuando están sanos) inundaran su cuerpo, y luego moriría. Ella se debatía impotente, pues sentía que estaba sentenciando a muerte al único de sus padres que le quedaba. Cuando llegue el momento, espero tener su fortaleza.

A veces me pregunto si mi hermana o mi hermano tomarían estas mismas decisiones. Creo que no tendrían tan en cuenta los deseos de Mardig como yo. Esta presunción me ha dado fuerza para cumplir con el papel de ser la única apoderada de mi padre. Recuerdo cuando mi hermano pedía en el hospital que no dejaran que nadie (ni siquiera mi hermana o yo) viera a mi madre ni conversara con ella cuando su pronóstico declinaba. Nos dejaba a un lado en un momento en que nuestra familia necesitaba estar unida. Por su parte, mi hermana se derrumba y no hace otra cosa que llorar. Creo que ella es muy emocional y no es capaz de tomar una decisión objetiva. Cuando me he quejado de que siempre coge el camino más fácil al mostrarse desbordada por la pena, me dicen que intente ser más comprensiva con ella. No puedo, ¿quién ha dicho que yo soy tan fuerte? De nuevo me digo que así es la vida. Sacamos de la vida lo que metemos en ella. *En este momento, ¡yo estoy metiendo demasiado!*

Son las 5:43 de la tarde y David está preparando en la olla a presión unas judías al estilo sureño para la cena que tendremos con Lew esta noche. Al oír el silbido de la válvula, me pregunto: «¿Qué estará haciendo Mardig ahora?». Quiero correr a su habitación y verlo, pero él ya no está allí.

Doce
La gran escapada

Incluí este capítulo con cierto grado de inquietud, pues mi padre sigue estando en la residencia donde ocurrió «La gran escapada». Lo hago porque algunos de los revisores de este libro me urgieron a que lo incluyera para ayudar a otras personas a defender sus derechos ante una residencia. Mi advertencia es: hagan muchas preguntas, sepan cuáles son sus derechos y luchen por ellos; porque puede ser que, como para nosotros, la mejor opción sea una residencia.

Sólo doce horas después de ver a Mardig atravesar el umbral que cambiaría totalmente su vida, recibimos la peor llamada que podíamos esperar. Aquella noche, poco después de una cena relajada y agradable con Lew, llegó una llamada de la comisaría. ¡Mi padre había desaparecido de la residencia! Me quedé helada.

Exhaustos como estábamos a causa de todos los trajines de los días anteriores, echamos mano de las últimas fuerzas para salir en su busca. La policía dijo que había estado buscando a mi padre sin ningún resultado. Lew se ofreció a ayudarnos. Con el corazón a mil por hora y las energías agotadas, la fuerza la sacábamos de la adrenalina.

En un momento organizamos un plan. Lew se llevaría el teléfono móvil de David y lo buscaría por una ruta, David y yo lo buscaríamos juntos por otra. El que encontrara a Mardig, llamaría al otro. Luego, llamé a la residencia, les di el número de mi móvil y les conté lo que íbamos a hacer.

David y yo lo buscamos por todas partes. Entramos en las tiendas, en el hospital, recorrimos las calles de arriba abajo. Algunas personas nos dijeron que habían visto a un hombre que encajaba con la descripción que les dimos; otras no habían visto a nadie parecido. Casi todos fueron amables y quedaron en llamarnos si lo veían.

La búsqueda continuó. Durante ese tiempo, pasamos dos veces por la residencia y hablamos con la gerente y el personal administrativo. Aquello era una pesadilla, cuyos detalles anoté en mi diario. Escribí todo lo que recordaba unos minutos después de volver a casa. Algo me decía que debía hacerlo, porque quizás más tarde necesitaría estas notas. Además, escribir me ayudaría a sobrellevar la desesperación que sentía frente a la situación.

Viernes, 31 de enero de 1997, 12:26 a.m.

¡Mardig ha desaparecido! Según la directora y las enfermeras, lo vieron por última vez a las 7:15, y a las 7:20, según una auxiliar armenia que estaba con él. La auxiliar dijo que estuvo viendo la tele y hablando en armenio con Mardig sobre los *viejos tiempos* hasta que se levantó para ir a por algo de comer. Cuando volvió, él ya no estaba. Ella creyó que se habría ido a su habitación.

La jefa de enfermeras dijo que a las 8:20 la llamaron para decirle que no encontraban a mi padre por ninguna parte. El personal de la residencia descubrió su ausencia a las 8:00 p.m., la hora en la que administran los medicamentos y pasan lista a los residentes. ¿Por qué nos llamaron a las 9:00 p.m., una hora después de que se dieran cuenta de que se había ido?

La gerente me explicó que muchos visitantes se van a las 8:00 y que quizás Mardig se fuera mezclado entre ellos.

David y yo recorrimos lentamente en coche la carretera que lleva a la residencia, pensando que tal vez Mardig habría intentado volver a casa a pie. Dudábamos, porque estaba oscuro y él se desorienta con facilidad. Aun así, pasamos por detrás de la iglesia, donde está el Centro de Día. Vimos que las luces estaban encendidas y confiábamos en encontrar gente que conociéramos. Pero era otro grupo el que estaba reunido. Les preguntamos si habían visto a un hombre mayor y empezamos a describirles a Mardig. Pero no lo habían visto. *Estábamos temblando de miedo. Habíamos hecho algo bueno trayendo a mi padre a California y ahora, ¡mira lo que había pasado!* Seguimos adelante por la calle más comercial, mirando atentamente de arriba abajo. No vimos nada.

Volvimos a la residencia y vimos el coche de la policía aparcado en la puerta. Hablamos con los policías a los que habían avisado de la desaparición de Mardig. Les pedimos información sobre cómo estaban realizando la búsqueda. Nos dijeron que cuando un niño se pierde, llaman de casa en casa a todos los vecinos y hacen preguntas. Pero que como mi padre era un adulto, no podían hacer lo mismo. Les pregunté qué pasaba si ese adulto tenía la capacidad pensante de un niño. Se disculparon y dijeron que simplemente no contaban con medios para realizar una búsqueda de este tipo. *Empezamos a dudar de que el pago de nuestros impuestos sirviera para ayudarnos en aquel momento.*

Salimos y seguimos con nuestra búsqueda. Lo que en principio parecía que sería cosa de minutos, ya estaba extendiéndose a una hora. Cuanto más tiempo pasaba, mas perdíamos la esperanza. Dos horas después estábamos a punto de rendirnos. *No aparecía por ningún lado. ¿Qué podíamos hacer?* De pronto, sonó el teléfono. Habían encontrado a mi padre. Estaba andando por Rosamond. *¡Se trataba* *de otro distrito! ¿Cómo había llegado hasta allí?* Llamamos a Lew para que se reuniera con nosotros en la residencia. Necesitábamos su apoyo.

Cuando entramos en la residencia, la gerente y la jefa de enfermería estaban sentadas en el despacho. Antes de entrar, una extraña sensación me desbordó. La experiencia había sido terrible y potencialmente peligrosa. Así que no me sentía bien.

Las palabras que oí fueron: «No sé si podremos mantener a su padre aquí». *Simplemente así. Sin ningún otro comentario, ¡nada!*

No podía aceptar la posición de la gerente. Mi cerebro iba a cien por hora. Como su apoderada legal, yo era la responsable de Mardig. Consideraba que la residencia no había actuado de modo responsable y que había puesto en riesgo la vida de mi padre.

Antes de que mi padre ingresara en la residencia, el encargado de admisión y un supervisor nos explicaron sus medidas de seguridad. Nos mostraron los mecanismos de seguridad de sus puertas, como su apertura retardada en quince segundos: cuando una persona empuja la puerta, suena la alarma; sólo quince segundos después la cerradura se libera y la puerta se abre. Este tiempo es suficiente para que un empleado llegue a la puerta e impida que un residente salga. Nos habían dicho que los corredores de la entrada estaban muy bien vigilados, especialmente cuando entraba y salía gente. Más aún, nos habían asegurado que, durante las dos primeras semanas, mi padre recibiría mucha atención hasta que se adaptara y se sintiera cómodo en el nuevo ambiente. Después de ingresarlo, los miembros del personal dijeron que lo pasaban bien con él y que era divertido.

Había algo extraño. Nos habían dicho que las alarmas no sonaron. ¿Cómo pudo Mardig salir entre los visitantes, si había alguien vigilando en la puerta de entrada? ¿Es que aquel vigilante no controlaba a quienes salían y entraban?

Habíamos descubierto que algunos visitantes conocían los códigos que abren las puertas. Le preguntamos a la gerente sobre esto. Nos aseguró de inmediato que los visitantes no tenían acceso a estos códigos. Sin embargo, las tres veces que había ido a la residencia, había observado que algunos miembros del personal pulsaban los cuatro dígitos del código sin ninguna discreción. No mostraban intención de esconderlo. Pensaba en las precauciones que tomamos cuando usamos las tarjetas de crédito, o las mismas tarjetas telefónicas de pre-pago. Cuando el personal de la residencia introducía el código secreto, cualquier visitante podía ver el número. Al final, la gerente nos aseguró que cambiaban los códigos cada mes.

Lo que me molestaba era la cantidad de veces que nos habían hablado de los reglamentos y las medidas de seguridad que tenía la residencia. Nosotros sabíamos que a Mardig le gustaba andar a su aire y, por tanto, previnimos sobre ello al recepcionista y a la directora del servicio social. Ellos lo sabían y nos garantizaron que eran capaces de controlar a los trotamundos como Mardig. También dijeron que había otros residentes andarines como él. *Pero, ¿de qué sirven esos mecanismos si no los ponen en práctica?*

La jefa de enfermería nos dijo que llamaría la atención a las enfermeras y a los auxiliares. ¿Estaba reconociendo su falta? Le señalé que no hacía falta *llamar la atención* o depurar culpabilidades. Lo imprescindible era conocer la *causa* para garantizar la seguridad de los residentes. La jefa de las enfermeras se sintió aliviada al darse cuenta de que yo no quería castigar a su equipo. Lo que yo quería era que revisaran cuidadosamente sus medidas de seguridad y se aseguraran de que todos las cumplieran. La gerente aprobó esta sugerencia y dijo que examinarían sus mecanismos de seguridad de nuevo.

Ella se dio cuenta de que yo no tenía intención de hacerles daño cuando nos sorprendió con su ingenuidad. Nos dijo que era difícil supervisar estrechamente las labores del personal y que no era sencillo encontrar auxiliares de enfermería cualificados. Añadió que a ella no le preocupaban las demandas judiciales sino, sobre todo, la seguridad de los residentes. *Yo no tenía intención de demandarlos. ¿De qué serviría? Lo importante era mejorar las medidas de seguridad.*

David les recordó que la primera vez que fuimos a ver la residencia, nos dijeron que a veces los internos trataban de escapar entre la multitud de gente que salía. Una auxiliar había mencionado que en dos o tres ocasiones unos residentes se escaparon durante su primer día de estancia. Es decir, antes de admitir a Mardig, nos habían asegurado que el equipo estaba prevenido y preparado para controlar ese tipo de situaciones.

En ese momento, la gerente recibió una llamada. Llegaban los policías con mi padre. Escuchamos ruidos fuertes y nos asomamos para ver. Mardig llegaba escoltado por dos auxiliares de la residencia. Con el frío que hacía, en plena noche de invierno, y sólo llevaba puestos sus pantalones, su camisa de franela y su gorra de béisbol. Estaba desaliñado: la camisa, medio fuera de sus pantalones, uno de sus bolsillos, dado la vuelta hacia fuera. Percibí que estaba pasando frío y parecía irritado.

Al preguntarle qué había pasado, me dijo que no entendía lo que estaba ocurriendo. Contó que después de haber estado hablando con unos armenios, pidió a unas personas que lo llevaran afuera. Luego caminó y caminó. Se quejó de haber pasado dos noches en la calle, sin chaqueta, y de que el camión al que subió no tenía calefacción y sentía frío. Dijo que había estado caminando, caminando y caminando por todos lados, hasta que un hombre muy simpático lo vio, tambaleándose a un lado de la carretera, y le dijo que subiera a su coche. Y añadió: «Fuimos al lugar donde estaba pasando toda la situación».

Lo encontraron sobre las 11:00 de la noche. Pensamos en llamar a la comisaría para que nos dieran más detalles.

Los auxiliares de enfermería llevaron a Mardig a su habitación para que descansara. Nosotros volvimos a la oficina de la gerente. Ella y la jefa de enfermería nos dijeron que se sentían tan apenadas por lo ocurrido que una de ellas pasaría toda la noche junto a Mardig. La jefa de las enfermeras añadió que no dormiría tranquila si una de ellas no se quedaba con él.

No podíamos hacer nada más. Después de despedirnos, Lew, David y yo nos sentamos en coche y hablamos sobre lo ocurrido. Lew dijo que también le preocupaba la apatía y la falta de voluntad de la gerente y la jefa de enfermeras para aplicar las medidas de seguridad.

Poco después, vimos que ambas salían de la residencia y se dirigían a sus respectivos coches. Las dos llevaban los abrigos puestos y llevaban muchas cosas en los brazos. Me quedé sorprendida después de haberles oído decir que una de ellas pasaría la noche junto a Mardig. Al vernos sentados en el coche (el nuestro y los suyos eran los únicos que quedaban en el aparcamiento), se miraron y hablaron algunos minutos; luego la jefa de enfermeras se metió en su coche y se marchó. La gerente volvió a la residencia. Lew, David y yo nos quedamos charlando un poco más, hasta que Lew cogió su coche y se fue.

A la mañana siguiente, tras recuperar algunas horas de sueño, traté de poner orden en mis pensamientos. *No podía creer que la gerente se hubiera atrevido a sugerir que sacáramos a mi padre de la residencia. Después de la experiencia que acabábamos de pasar, de todos los formularios, preguntas, visitas y alternativas que habíamos analizado, éste seguía siendo el mejor lugar en el que Mardig podía estar.* Tenía que entender lo que estaba pasando. No podía dejar de sentirme nerviosa. Estaba muy estresada y no podía ni comer ni dormir. Estaba agotada. Sentía una terrible urgencia por documentar y anotar todo, no fuera a tener que llevar el caso a los tribunales.

Me tomé mi tiempo para escribir en el ordenador lo que sigue a continuación. A medida que escribía, iba recordando más detalles. Los músculos de mi cuello y mis hombros se tensaban mientras tecleaba con rapidez, intentando anotarlo todo. Después me tocó sufrir muchos dolores de cabeza, cuello y hombros.

10:41 a.m.

Aquí estoy, sentada, sopesando: «¿Cuáles son mis derechos?». He llamado al abogado y le he dejado un mensaje pidiéndole que me llame, porque necesito saber cuáles son mis derechos legales en esta situación concreta.

También llamé a la representante del GHCH-CIAG, para informarles del incidente: es una exigencia del estudio farmacológico. Ella se mostró sorprendida y preocupada, y me preguntó qué pensaba hacer. Quería saber si lograría seguir confiando en la residencia. Me dijo que ellos tendrían que saber cómo tratar a los enfermos de Alzheimer. Añadió que debieron haberse dado cuenta de que en su primer día en la residencia intentaría volver a un lugar familiar (por lo visto, Mardig le dijo a la auxiliar que quería encontrar a sus hijos). La representante de CIAG me dijo que llamaría a la residencia.

Me tomé un tiempo para pensar en los resultados que esperaba. La dirección tendría que revisar sus estrategias y cumplirlas con rigor. Nos habían dicho que sabían la forma de tratar a los residentes que se querían ir; como distraer y desviar la dirección de la mujer que golpea y grita mientras intenta cruzar la puerta de salida. Entonces, ¿cómo es que no vieron salir a mi padre? La explicación que nos dio la gerente fue que la auxiliar de enfermería estaba ocupada atendiendo un asunto personal al teléfono, de modo que no vio a Mardig cuando se iba. *Entonces, ¿esto no demuestra una falta de eficiencia? ¡No lo puedo admitir!*

Quiero que me aseguren que se aplican todas las medidas de control de seguridad que la residencia tiene establecidas. Quiero ver los pasos que demuestren que están cumpliendo con esas medidas. Eso es todo lo que pido. No me interesa entablar una demanda, tampoco creo que la indemnización obtenida en un juicio solucionaría el problema. Aunque haya quienes presentarían una denuncia en un caso similar, yo sólo quiero que el personal de la residencia cumpla con sus medidas de vigilancia. *Sigamos atendiendo a esas personas que, sin culpa ninguna, ¡tienen una enfermedad que hace estragos en su mente!*

10:49 a.m.

No querría hacerlo, pero voy a llamar a la residencia ahora. Quiero saber cómo le va a Mardig.

11:14 a.m.

Estoy tecleando estas notas en el ordenador mientras se pone al teléfono una persona, luego de haber hablado con otra. Estoy esperando para hablar con la jefa de enfermería. Ya hablé sobre Mardig con la gerente. Le pregunté si sabía si se solían escapar los residentes. Me dijo que antes de ser la gerente de esta residencia, había trabajado veintiún años en el sector sanitario, y no recordaba que ningún interno se hubiera ido de la residencia de manera accidental.

Cuando le pregunté qué pensaba sobre la situación de Mardig, me dijo que ella no tenía experiencia médica y que pasara la pregunta a la jefa de enfermería. Añadió que había llamado al

Centro de Día de AEV y que había hablado con Roberta. Me reiteró su preocupación por la seguridad y el cuidado adecuado de los residentes. A pesar de sus comentarios, me quedo con la sensación de que no quiere hacerse responsable de las medidas de seguridad y de funcionamiento de la residencia.

La jefa de enfermeras vino al teléfono y me dijo que había hablado con Mardig por la mañana: dijo que la noche anterior, cuando fue a verlo, lo encontró despierto (la gerente me había dicho lo mismo). Mardig le había contado que tenía un hijo que vivía en otro Estado, que estaba casado y tenía, a su vez, hijos. También le contó que tenía una hija, Brenda. Luego le preguntó que hasta dónde quería que se remontase y le explicase de su pasado. Sabía que había nacido en Armenia. Ella consideraba que su grado de conciencia era relativamente alto como para estar en la residencia. La gerente se hizo eco de esta opinión, y dijo que se preguntaba si aquel lugar era apropiado para Mardig. *¡A buena hora se hace esta pregunta!* Añadió que llamaría al Defensor del Pueblo y a la Oficina Estatal de Autorizaciones para comentar su situación. Luego, la jefa de enfermeras me dijo que esperase un momento mientras atendía otra llamada.

Detesto quedarme esperando, es una pérdida de tiempo. Dadas las circunstancias, tuve que esperar cinco minutos hasta que volvió. Me dijo que acababa de hablar con la representante del CIAG, pero no me dio más detalles.

Parecía apurada: tenía que asistir a una reunión a las 11:30. Cuando me ofrecí a llamarla más tarde, me dijo que no hacía falta y me pidió que continuara con mis preguntas. Seguí, pero percibí su falta de atención. Respondía de forma automática. Le pregunté si habían cambiado los números del código de salida. Me dijo que no lo sabía, que eso dependía del departamento de gerencia. Me pareció extraño que se apartara tan llanamente de un tema del que tanto habíamos discutido la noche anterior. Le pregunté si ella había marcado los mismos números que el día anterior; tras dudar un momento, me dijo que sí. Le repetí la recomendación que la noche anterior les hiciera a ella y a la gerente: que cambiar aquel código debería ser el primer paso para mejorar la seguridad. Me dijo que pasaría el mensaje a la gerente.

Cuando estábamos terminando de hablar, me dijo que llamara cuando quisiera, por si había algo más que ellos pudieran hacer. Lo tomé como un forzado intento por mostrarse amable.

«Por favor, cambien ese código. Eso es lo primero que hay que hacer», le dije.

Ella murmuró: «Ajá, ajá».

6 de febrero de 1997

¡Esto es como vivir un infierno! Si no me importara tanto, no haría nada.

Bueno, esto es lo que hay... ¿Quién pasaría por tantas formalidades, legalidades y burocracia si no fuera necesario hacerlo?

Pero, eso es lo que hay...

El martes día 4 fui a la reunión del grupo de apoyo de la residencia donde está mi padre. Estaba programada para las 9:30. La directora del servicio social apareció a las 9:40 y se disculpó por llegar tarde. Escuché y observé con mucha atención. Tenía que ser interesante, útil. Poco después, apareció la jefa de enfermeras en la puerta buscándola. Hablaron un momento y luego la directora volvió. Poco después, hacia las 10:00, planteé mi primera duda. La directora del servicio social me preguntó si tenía otras.

Le dije que no. *Me pareció absurdo que me hiciera semejante pregunta en una sesión de apoyo grupal.*

Luego me preguntó si tenía algún comentario que hacer.

Negué con la cabeza y dije: «No».

Ella contestó: «Porque a las 10:00 en punto tiene una reunión».

«¿Perdón?», inquirí. *No me había enterado de que tenía una reunión, ¿cómo lo iba a saber?* «¿Con quién?», pregunté.

Me dijo que había un caballero que quería verme. Se levantó y me hizo una señal para que la siguiera hasta la puerta.

«¿Quién es?», pregunté. Mientras me apresuraba en llegar a la puerta. Ya había guardado mi cuaderno y había recogido las cosas que llevaba para Mardig.

«¿Con quién?», pregunté.

Ella dijo: «Con [y el nombre de esa persona]».

«¿[El nombre de esa persona]?», pregunté.

«¿No le conoce?», me preguntó, sorprendida.

«¿Y él quién es?».

«Alguien que puede ayudarle a resolver este tipo de cosas».

Luego se fue por el corredor, rápidamente, mientras yo intentaba alcanzarla (lo que resultó difícil por la cantidad de residentes que andan a paso lento por los pasillos).

La seguí, hasta salir por las puertas delanteras y entramos en la oficina de gerencia. Allí, sentada a mi izquierda, con la mirada fija en el suelo, estaba la jefa de enfermería. A mi derecha había un hombre, de pie, junto a la silla en la que me invitaron a sentarme. Era el abogado de la institución.

¡Me habían tendido una trampa! ¿Cómo podían hacerme esto a mí? ¡Y sacarme del grupo de apoyo! Hice cuanto pude por mantener la compostura y no preguntar: «¿Por qué se enfrentan tres a uno contra mí?», ni decir: «Quiero que mi abogado esté presente». Pero no pude. Simplemente, quería resolver el frustrante embrollo que, en mi opinión, había provocado su irresponsabilidad.

Tras las presentaciones formales (y torpes) y los apretones de manos, les dije que escucharía lo que tuvieran que decirme y luego yo diría lo que necesitase decir. Después, visitaría a Mardig y luego me iría de la residencia para aclarar mis ideas.

Ignoraron lo que acababa de decir y me preguntaron si había recibido su carta.

«No», dije.

Me dijeron que Federal Express tendría que habérmela entregado el sábado.

Yo dije: «Así pues son ustedes los que me enviaron un sobre de "Fed Ex". Recibí el aviso el lunes 3 y lo firmé para que me lo entreguen hoy (4 de febrero)».

La gerente parecía decepcionada y dijo que me haría una copia.

Mientras la leía, me empecé a aturdir. No podía concentrarme en el contenido. Estaba prestando atención a cómo la habían escrito. La primera oración estaba incompleta, faltaban comas y guiones. Por raro que parezca, aquello me dió fuerza.

31 de enero de 1997

Estimada señora Avadian:

En referencia a la admisión de su padre Martin Avadian en [el nombre de la residencia] el 30 de enero de 1997.

Debido al incidente por el que el Sr. Avadian salió de la residencia la misma noche de su ingreso, y que al parecer piensa hacer lo mismo el día de hoy 31 de enero, creemos que nostamos (sic) en condiciones de garantizar su salvaguarda y su seguridad.

[La residencia] es una residencia segura para demencias de Alzheimer y otras (sic), y no es una residencia cerrada. Los residentes conservan el derecho a salir de la residencia, como en cualquier otra residencia de estancia prolongada.

Como apoderada y representante legal del Sr. Avadian, por favor tome inmediatamente las medidas pertinentes para trasladarlo cuanto antes a una institución más adecuada para él. Por favor comuníquenos su decisión el lunes 3 de febrero.

Lamento que este ingreso no haya dado buen resultado, pero nuestra preocupación principal es la salvaguarda, la seguridad y el bienestar de los residentes.

Atentamente,

[La gerente]
Cc: Abogado de la institución.

La carta estaba fechada al día siguiente del incidente. *Demasiado rápido para quien trata con alguien con Alzheimer. ¡No le daban ninguna oportunidad!*

¡Me quedé atónita! *Reconocían que el internamiento no había dado «buen resultado». «Comuníquenos... el lunes 3 de febrero», cuando en esa fecha ¡ni siquiera había recibido la carta! ¡Qué manera de lavarse las manos y eludir su responsabilidad! Estaba enfadada y al tiempo temerosa. Tenía que saber cuáles eran mis derechos.*

Ésta es una residencia para enfermos de Alzheimer. Ellos saben que algunos residentes intentarán escapar en sus primeros días de estancia. La representante de la gerencia nos aseguró que, durante las primeras semanas, ellos vigilaban con gran atención a los residentes nuevos.

Lo estropearon, así, sencillamente. Tenían un reglamento de funciones. Y se negaban a dar cuentas. ¡No tenía sentido!

Incluso antes de ver su carta, llamé a unas cuantas personas: a la comisaría, y al médico de Mardig (el de la residencia), que había asegurado que el lugar era adecuado dada la aceptable capacidad mental de Mardig. Y más llamadas: tres al Defensor del Pueblo, a los inspectores de la comisaría (pidiendo más detalles), a mis abogados, a mis amigos. Quería reunir toda la información posible y conocer mis derechos.

El abogado y la oficina del Defensor del Pueblo me aseveraron que para que la residencia pudiera echar a mi padre tendría que pasar por una de estas circunstancias:

1. Que la residencia dejara de prestar funciones.
2. Que el residente no hubiera pagado.
3. Que la presencia del residente pusiera en peligro a otros.
4. Que la salud del residente hubiera mejorado suficientemente.
5. Que la residencia no pudiera cuidar apropiadamente del residente.

Mientras hablaba con todas esa personas, fui descubriendo los inconvenientes que otras familias habían tenido con esta residencia. A pesar de aquellos inconvenientes y de la escapada de mi padre, yo quería que él siguiera allí. Era una residencia limpia, próxima a casa y que, en general, ofrecía una atención de calidad.

Una delegada del Defensor del Pueblo me recomendó que escribiera una carta y la enviara con una copia al Departamento de Servicios de Salud (DSS). Como me había enterado de que la residencia estaba siendo investigada, no quería causarles problemas mayores. Después de todo, ¿a qué otro sitio podría ir a vivir Mardig? Cuando empecé a dudar, ella me preguntó qué haría si oía en la televisión que otro residente se había perdido y que luego lo habían hallado muerto. ¿Cómo me sentiría sabiendo que podía haberlo denunciado al DSS para evitar situaciones semejantes? Añadió: «Les habría caído una buena multa, ¡porque encontraron a tu padre en otro distrito!» Yo hice lo que creí mejor. El 6 de febrero envié mi respuesta escrita a la carta que la residencia me había entregado en mano.

6 de febrero de 1997

Estimada [el nombre de la gerente]:

Esta carta es para responder y acusar recibo de la suya, fechada el 31 de enero de 1997, que llegó a mí a través de Federal Express el 4 de febrero de 1997, en referencia a mi padre, Martin Avadian.

Como su apoderada legal, se me aseguró, antes de su ingreso que [la residencia] (a partir de aquí denominada «Residencia»), podía atender a un residente con las necesidades de mi padre, como son el ser una persona errática y sufrir el síndrome del atardecer. De forma reiterada, su personal nos aseguró a mi esposo y a mí que ustedes tratan habitualmente con residentes que quieren «salir» y que cuentan con medios «creativos» para manejarles.

Cuando manifestamos nuestra preocupación por la actitud errática y los estados de agitación de mi padre, nos informaron de que algunos residentes intentan y han intentado mezclarse con los visitantes cerca de la puerta y luego marcharse. Nos aseguraron que su personal sabía cómo enfrentarse a estas situaciones, y que su política es tener siempre dos personas en la recepción puesto que los residentes intentan salir.

Considerando lo dicho, puede usted imaginar la sorpresa y el temor que tuvimos cuando supimos que, doce horas después de su ingreso, ¡había desaparecido de la residencia! Su personal se dio cuenta de que no estaba sobre las 7:30 del jueves 30 de enero de 1997, y nosotros recibimos una llamada a las 9:05 p.m. en la que nos decían que un oficial de la comisaría quería hablar con nosotros. Nuestra primera reacción, dadas todas las garantías que habíamos recibido, fue pensar, «¿cómo consiguió salir?» Y, a pesar de ello, cuando nosotros (mi esposo, un amigo próximo de la familia y yo) fuimos a su ofi-

cina, su primer comentario fue: «No creo que podamos seguir teniendo aquí a su padre».

Un informe de la comisaría señala que mi padre ¡fue recogido en otro distrito! ¿Se lo imagina? A causa de su negligencia para cumplir con los reglamentos y normas para garantizar la seguridad de los residentes..., vea lo que le ha ocurrido a mi padre. ¿Qué habría pasado si otro residente hubiera salido y no hubiera tenido la suerte que mi padre? (hemos sabido por miembros de su equipo que esto ocurre).

A pesar de este descuido, deseo que mi padre siga en su residencia. Él me ha expresado lo bien que se siente aquí, donde cree que ya lleva varios años. Su personal nos informa regularmente de lo a gusto que están con él. Nos han dicho que después de aquel incidente, ya no ha intentado salir. Seguramente él, como otros residentes, desearía volver a casa. Pero, se nos ha dicho repetidamente que no ha vuelto a intentarlo.

Me gustaría que me asegurasen que cumplirán ustedes con sus reglamentos: cambiar el código de acceso (si es que aún no lo han hecho), pedir al personal que mantengan oculto el código de acceso que pulsan cuando entran o salen de la residencia (como cuando se saca dinero de un cajero automático), y tener siempre a una persona vigilando la puerta. Ustedes tienen un personal muy afectuoso, y estoy segura de que se sintieron tan preocupados por este incidente como lo estuvieron usted y su abogado.

Conozco bien cuáles son mis derechos y si no podemos resolver esta situación, tomaré otras medidas.

Reciba mis saludos sinceros,

Brenda Avadian.

Cc: [Defensor del Pueblo]

6 de febrero de 1997, 9:46 p.m.

Esto resulta agotador. En lugar de relajarme, necesito seguir escribiendo en mi diario para no perder mi memoria de estas cosas. ¿Y por qué? Porque unas cuantas personas no son responsables ni eficientes. Porque así es la vida. Todos estamos interrelacionados, lo que hace uno afecta a muchos. El descuido de la residencia llevó a la pérdida de mi padre, y esto afectó a muchas personas, y llevó a la negativa de la residencia por miedo a ser cuestionada y denunciada. *¡La vida se vuelve tóxica cuando alguien señala con el dedo a otro!*

Mardig me llamó esta mañana. No se da cuenta del paso del tiempo. Son días, pero piensa que lleva años viviendo en la residencia. Habla de *casa* cuando se refiere a su habitación. Me dijo: «Si tienes un par de horas que perder, ven a visitarme, porque me gustaría hablar bastante contigo».

Se sentía incómodo hablando desde aquel teléfono, así que empezamos a hablar en armenio. Le recordé que podía hablar en armenio y que yo lo podía entender, así podría sentirse libre para hablar.

En armenio, me dijo: «Me están agobiando... me están haciendo muchas preguntas». Dijo que allí no hacía nada, pero que si su estancia allí me ayudaba, se quedaría. *Siempre tan diplomático, incluso con Alzheimer.*

Comentó que los miembros del personal eran amistosos, sonrientes, agradables. Dice que no para de perder sus lápices y bolígrafos (le gusta escribir notas para sí mismo). Escribir pequeñas notas le gusta mucho, aunque pierda el papel donde las escribe. Me dijo que le avisara un día antes de visitarlo, para estar en casa, porque suele ir a pasear afuera (significados: *casa*: su habitación; *afuera*: los pasillos). Quería saber si nos mantendríamos en contacto en caso de que yo me mudara o cambiara de número de teléfono. Quería estar seguro de que «seguimos conectados».

Esta noche Jan ha llamado a David para disculparse por no haber visitado a Mardig esta mañana (le había dicho que visitaría a mi padre). ¿El motivo? Temía que el personal de la residencia le hiciera muchas preguntas.

Dijo que se sentía incómoda y que hoy no tenía ganas de responder a sus preguntas. Explicó que anoche la llevaron a una sala y le hicieron varias preguntas. *¿Quién es? ¿Cuál es su relación con Mardig?* Luego le preguntaron por David y también por mí. No podía recordar con exactitud cuáles fueron las preguntas. Sin embargo, recordaba que antes de irse, le pidieron su número de teléfono para poder llamarla si fuera necesario. Ella les dijo que podían hacerlo. Pero, hoy eso la hacía sentirse incómoda. *¿Por qué tenían que hacer estas preguntas a una visita y no a los familiares?*

Viernes, 7 de febrero de 1997, 1:41 p.m.
Hoy visité a Mardig entre las 10:55 y las 11:50. Se puso contentísimo al verme. En medio de un mar de desconocidos, yo era un rostro familiar en el que podía confiar. Jan llegó unos 25 minutos después y, así, las dos estuvimos con Mardig.

Nos dijo que le estaban poniendo restricciones. Intentaba salir a la calle y no le dejaban o, con amabilidad, conducían sus pasos en otra dirección. *¡Eso estaba bien!* Dijo que quería salir afuera para dar un paseo por los alrededores. Estaba acostumbrado a hacerlo. Le recordé el incidente en el que salió y apareció en otro distrito. Le expliqué que entonces se había perdido y que la policía tuvo que traerlo de vuelta. Él no recordaba los hechos.

Me fui. Jan se quedó unos minutos más con él.

Más tarde, Jan me llamó para decirme que ya se marchaba, y que la directora del servicio social creía que ella era hija de mi padre. *Mmm, es extraño. Hacía sólo una semana que yo había hablado 45 minutos con esa directora para llenar el informe psico-social de mi padre.* La directora le había pedido a Jan que me transmitiera un mensaje. *¿Por qué tratan así a las visitas de mi padre?*

Sábado, 8 de febrero de 1997, 11:15 a.m.

Jan llamó para decirme que acababa de estar con Mardig. Me dijo que cuando llegó, encontró a Mardig echado en su cama leyendo el periódico. Jan le llevó una foto para que la pusiera en el tablero blanco que la residencia nos ha montado en su habitación. *¿Quería esto decir que podía quedarse?*

Mardig dijo que le podían robar la foto si la ponía allí, así que la guardó en su mesilla de noche. La foto mostraba a Dave y Jan vestidos con ropa elegante.

Jan me contó que Mardig había comentado lo guapo que estaba Dave. Además, había dicho: «Mamá ha estado muy ocupada cuidando de los niños», y que por eso no lo iba a visitar. También le dijo que si perdía su trabajo, tendría que conseguir otro para poder pagar todas sus facturas.

También me comentó, que ella simplemente se había limitado a escuchar todo lo que le contaba y que no recordaba nada más que le hubiera dicho. Su visita concluyó cuando apareció una enfermera diciendo que tenía que auscultar a Mardig. Añadió que esta vez nadie le había hecho preguntas, así que la visita fue muy agradable.

11:43 a.m. (Notas de David)

Ha llamado la vecina que cuida de nuestras gatas. Le hablé sobre la situación del padre de Brenda. Sigo despertándome a medianoche y me quedo pensando en la vida de Mardig en la residencia. Me levanto pensando en él y cuando vuelvo a la cama sigo pensando en él. Pienso en él cuando estoy en el trabajo y cuando vuelvo a casa después de trabajar. Me preocupa que en la residencia no lo traten bien por considerar que causa demasiados problemas. Eso es todo.

Los días se convirtieron en semanas. David y yo realizamos nuestro viaje de trabajo de dos semanas mientras Jan se encargaba de mi padre. Con la residencia no intercambiamos más cartas. El tiempo pasa y Mardig se acostumbra cada vez más a la residencia, a la que se refiere como su casa. Nos han dicho que a veces intenta salir, al igual que otros residentes. Pero, por lo general, se siente como *en casa.*

No he vuelto a hablar con la gerente desde el incidente, salvo para decirnos «Hola». Tampoco he visto mucho a la jefa de las enfermeras. Siempre deseé que el haber pasado el disgusto juntas crease un vínculo especial entre nosotras. A pesar de todo lo que ha pasado, me siento satisfecha de que mi padre esté *en casa* y que lo estén cuidando bien.

Trece

La primera visita
de Mardig a casa

Cuando Mardig ya llevaba un tiempo en la residencia, quisimos que nos hiciera una visita a casa. Nos sentíamos como esos padres que desean que sus hijos vengan a verles después de que se han independizado.

El personal de la residencia nos había aconsejado que no lo sacáramos demasiado pronto de la residencia para no interrumpir el proceso de adaptación a su nuevo *hogar*. Así que esperamos. Lo visitábamos con regularidad. Cada vez que queríamos llevarlo a casa, nos decían que aún no era conveniente. ¿Cuándo sería conveniente?

Empezamos a darnos cuenta de que quizás nunca llegaría la ocasión *conveniente*. Además, ¡él quería salir! No dejaba de decir que quería salir. David y yo hablamos al respecto. Saqué el tema en una reunión del grupo de apoyo. Los demás cuidadores nos dijeron que nos fiáramos de nuestro propio criterio para decidir cuándo podíamos sacarlo. Otra vez surgía la respuesta: «*Vosotros sabréis cuándo*».

Como en muchas cosas en la vida, vale la pena ser paciente. El momento *conveniente* llegó tres meses después de su ingreso en la residencia.

David y yo estábamos preocupados el día que teníamos que recoger a Mardig para la visita en casa. No sabíamos qué pasaría. No sabíamos cómo se sentiría, cuál sería su estado de ánimo, si habría dormido bien la noche anterior, cómo se comportaría una vez en casa. Nos preguntábamos qué haríamos si no deseaba volver a la residencia después de haber estado en casa.

Controlar a un niño es una cosa. Controlar a un adulto que piensa como un niño es otra.

Llamamos con tiempo a la residencia y les comunicamos nuestros planes. Les pedimos que se aseguraran de que Mardig estuviera vestido y afeitado para cuando fuéramos a recogerlo. Así, él sabría que iba a salir.

Llegamos a la residencia llenos de optimismo, tratando de disimular nuestra preocupación de fondo. Cuando vimos a Mardig, ya estaba aseado, afeitado y vestido para salir. Se había negado a ponerse camisa, de modo que sólo llevaba una camiseta de manga corta. Allí estaba él, con su camiseta y sus pantalones color crema, de algodón, con pinzas, las perneras embutidas en unos gruesos calcetines blancos de deporte, y con sus zapatillas deportivas negras.

Entusiasmados y sonrientes, preguntamos a Mardig si quería ver una película. Su respuesta no estuvo a la altura de nuestra energía. Le explicamos que la película era un vídeo que habíamos grabado en Milwaukee y que tal vez le gustaría ver a gente que conocía: sus otros dos hijos. Nos miró extrañado. Se lo volvimos a repetir.

No nos respondió, pero nos preguntó si le volveríamos a llevar a casa (la residencia). Le respondimos: «¡Por supuesto que te traeremos de vuelta!».

Bromeando, nos replicó: «Entonces iré... ¡Ése es un excelente acuerdo!».

David sacó una camisa de algodón a rayas de su armario. Mardig se la puso pero la dejó por fuera de sus pantalones. Eso era raro en él —pues le seguía preocupando el estar bien vestido—, pero no importaba. Lo que queríamos era que saliera. Estábamos prácticamente listos para salir, cuando nos preguntó: «¿Qué tal me veis?».

«¡Muy bien! Sólo una cosa más, lávate los dientes». Había estado dudando si decirle que se los lavara o no, hasta que finalmente decidí que era mejor decírselo. Quería disfrutar de su compañía. Quería sentirme libre para acercarme a su rostro y hablarle al oído cuando no pudiera oír. No quería tener que aguantar mi respiración porque su aliento fuera insoportable.

Me preguntó si realmente le olía tan mal el aliento. Siempre le habían preocupado esas cosas, especialmente si percibía que a la gente le incomodaba.

Le dije: «Sí», e incliné la cabeza en señal afirmativa.

Él dijo: «Vale».

Cogí su bolsa de aseo, saqué su cepillo de dientes y le puse dentífrico. Él se sentó al borde de su cama y empezó a cepillarse. Cuando tuvo la boca llena de espuma, se levantó. Desorientado, intentó salir de la habitación. Suavemente, reconduje sus pasos hacia el baño, donde siguió cepillándose los dientes y las encías con cuidado.

Cuando terminó, cogí el estuche de su cepillo para que él lo guardara dentro. Confundido, estuvo un rato metiendo su cepillo de dientes al fondo del bolso, temiendo que se le pudiera caer al suelo. Cuando finalmente sacó la mano, cerré el estuche y le di la vuelta. Al hacer esto, él se aferró al bolso, sin entender lo que había pasado. Le pedí que lo soltara, y agité el estuche para que se diera cuenta de que su cepillo de dientes estaba dentro. Sonrió al darse cuenta de que su cepillo estaba a buen recaudo.

Éstas son las pequeñas cosas que observamos cuando un ser querido se ve aquejado por una demencia. El Alzheimer está cobrando su peaje. Veo cómo mi padre trata con todas sus fuerzas de mantener el control sobre cosas que la mayoría de las personas hacen sin ningún esfuerzo.

Dejamos su habitación y fuimos a la recepción para registrar su salida. Luego nos marchamos. Se quedó mirando la calle llena de tráfico y preguntó: «Oye, ¿qué calle es ésta?». Siempre le gustó tener las cosas claras.

Subimos al coche e iniciamos el camino a casa, que distaba algo más de seis kilómetros. Una vez en el coche, dejó de interesarse por saber por qué calles pasábamos. Hacía unas semanas que había perdido sus gafas bifocales nuevas, así que no podía ver bien todas esas cosas de la calle que le fascinaban: los árboles grandes, los nombres de las calles o los postes eléctricos. Iba sentado en el asiento delantero, junto a David, y respiraba pesadamente, resoplando alto. Nos preguntamos si se habría resfriado.

Cuando entramos en la avenida principal, preguntó si aquélla era la calle que llevaba a nuestra casa. Le dijimos que sí, y lo felicitamos por haberlo recordado. Después de doblar algunas esquinas, llegamos a nuestra calle y aparcamos frente a nuestro garaje.

Preguntó: «¿Es ésta vuestra casa?».

«Sí», le dijimos.

Consiguió salir del coche con un poco de ayuda y caminó por la acera de delante de casa, que estaba parcialmente inundada por los aspersores del césped. Evitó cuidadosamente las zonas inundadas y se limpió los pies en el felpudo.

Una vez dentro de casa, no recordaba nada. No se daba cuenta de que había vivido en esta casa con nosotros durante casi seis meses. Le pusimos una silla para que se sentara, justo frente a la televisión, y luego le mostramos algunas fotos familiares: sus hijas, su hijo, su casa. Olvidaba lo que había visto al pasar de una foto a otra, así que continuamente teníamos que recordarle quiénes eran sus hijos. Para nuestra sorpresa, cuando empezamos a ver el vídeo de la casa donde había vivido más de la mitad de su vida, se acomodó y empezó a dormirse. Cuando llamamos su atención para que viera el sótano desordenado, donde había pasado buena parte de su tiempo, dijo: «Estaba más limpio cuando lo dejé», y: «¡Vaya, sí que me gustaría tener todas esas herramientas!».

Estaba cansado. Luchaba por mantenerse despierto. Pensamos que quizás había pasado despierto la noche anterior. Sólo había pasado una hora cuando el pánico se apoderó de él. Exclamó: «¡No quiero morir! ¡No quiero morir aquí! ¡Tengo que ir a casa, llevadme a casa! ¡Tengo que irme a casa ahora!».

Apagamos la televisión, le pusimos los zapatos, fuimos hasta el coche y lo llevamos *a casa*.

Una vez que llegamos al aparcamiento de la residencia, nos preguntó: «¿Estamos en casa?».

«Sí», le contestamos. A medida que superábamos la rampa de la entrada, llegábamos a los pasillos de la recepción y reconocía a otros residentes, se fue relajando. Se sentía seguro, y su preocupación se fue convirtiendo en una sonrisa plácida. Luego, se dirigió a su habitación. Sin decir palabra, se quitó la camisa y los pantalones. Entendimos que quería acostarse. Retiré las mantas. Me lo agradeció y se metió en la cama. David lo ayudó a cubrirse. Cuando nos íbamos, nos pidió que apagáramos la luz.

¿Qué pensar de lo que acababa de ocurrir? *Nuestra* casa ya no era *su* casa. La suya era la residencia. Quizás eso estaba bien. Al principio, había querido salir de allí. Ahora se sentía seguro porque aquella era su casa. Aun así, David y yo nos sentimos un poco incómodos porque hubiera preferido un lugar esterilizado, donde compartía la habitación con otros dos compañeros, a la comodidad de nuestra casa. Tal vez teníamos que dar gracias porque estuviera feliz viviendo en la residencia, y sentir consuelo al saber que habíamos tomado la decisión correcta.

Catorce
Siempre hay algo:
La venta de propiedades

A fines de los años setenta, la desaparecida Gilda Radner encarnaba al popular personaje Roseanne Rosannadana en el programa Sábados por la noche en directo de la NBC. Roseanne era una periodista de la televisión a quien, en palabras de Gilda: «No le preocupaba ser una cerda». Durante la sección del programa llamada «Noticias del fin de semana», Roseanne leía las opiniones que enviaban los espectadores o iba saltando continuamente de un tema a otro. Inevitablemente, el monólogo de Roseanne siempre concluía diciendo: «Todo lo cual demuestra que... ¡siempre queda algo!».

Aquí estoy, sentada, pensando en cuándo acabará esto. Lo pienso muchas veces. David y yo seguimos tratando de creer que lo peor ya pasó. Al no tener hijos, sabemos que no tendremos las obligaciones de por vida de los padres de familia. Pero, con los hijos, por lo menos existe la posibilidad de un futuro. Normalmente, salvo en circunstancias imprevisibles, los hijos se convierten en adultos que se encargan de sus propios asuntos, mientras sus padres los observan complacidos. *Al menos, ¡se supone que así tiene que ser!*

La gente que sufre Alzheimer no *crece*. A decir verdad, lo máximo que los cuidadores pueden esperar es disfrutar de sus pequeños regalos, como una sonrisa, un reconocimiento de su parte y los momentos especiales compartidos. Cualquiera de estos detalles hace que los cuidadores se sientan suficientemente satisfechos y estimulados como para proseguir (En la Cuarta Parte escribo sobre esos momentos especiales).

Conjugar esos pequeños placeres con las responsabilidades de peso. Tuve que vender los efectos personales de mi padre, donar el resto, limpiar y luego vender su casa.

Primero fui yo a Milwaukee y David hizo lo propio varios días después. Durante ese periodo, los asuntos de Mardig ocuparon más de doscientas horas de nuestro tiempo. Calculamos que pasábamos quince horas al día resolviendo sus cosas. Algunos días, apenas teníamos seis horas para ducharnos, comer, dormir y hacer algunas cosas personales. A pesar de todas esas horas de trabajo, y de la ayuda de mis hermanos en los últimos días, no terminamos como había esperado.

Mis padres lo guardaban todo. Con el pasar de los años, sus pertenencias se habían multiplicado exponencialmente. Nos sentíamos abrumados. Alquilamos dos contenedores de los más grandes que tenía la empresa de guardamuebles. Medían 7,6 m. de largo por 2,4 de ancho y 2,4 de alto. Durante todo un día y medio del mes de abril, mi hermana, mi hermano, su novia, David y yo, estuvimos llenando aquellos dos contenedores.

El primer día de abril que David y yo entramos en el salón, nos dimos de cara con montones de cajas apiladas que llegaban a la altura de nuestros hombros. En algunos sitios, las pilas de cajas casi alcanzaban el techo. Hacía años que no veíamos la chimenea. Arriba, la habitación principal había perdido su sensación de espacio. Todas las paredes estaban cubiertas con cajas, desde el suelo hasta el techo. Hasta el vestidor adyacente, que guardaba la ropa de mi padre y de mi madre, había perdido su utilidad, pues la cantidad de cajas que contenía impedía moverse dentro. Cuando terminamos de retirar las cajas, David se sorprendió al descubrir que había una ventana en el vestidor. Muchas más cajas nos esperaban en mi antigua habitación, al otro extremo de la casa.

Si las dos primeras plantas estaban colapsadas hasta dar miedo, el ático superó nuestros límites. Era como un descubrimiento arqueológico. Encontramos ropa de bebé, reservas de papel higiénico para unos cinco años, provisión de bombillas para toda una vida, cosas de mi hermano, luces y tarjetas de Navidad, y cien relojes pequeños (tipo despertador). Mi madre debió comprarlos en algún mercadillo pensando en revenderlos con alguna ganancia.

En contraste con el ático, el sótano parecía tener más espacio. Pero pronto me llevaría una gran decepción. El sótano tenía cuatro grandes estancias. Una de ellas estaba abarrotada de cajas y contenedores desde el suelo hasta el techo —herramientas de Mardig, motores y cables—. Sacamos las cajas afuera y ocuparon todo el patio. Mardig acumulaba dos o tres piezas de cada cosa, especialmente de los aparatos eléctricos. *Cuando no podía encontrar alguno, o se le olvidaba dónde lo había puesto, compraba otro.*

No obstante, hallé tres tesoros. Uno era una antigua balanza para pesar comida que recordaba de una niña. Podía pesar hasta 11 kilogramos. Mardig solía decir que cuando éramos muy pequeños nos pesaba en ella. También encontré una vieja colección de cámaras fotográficas que Mardig había ido acumulando. El tercer tesoro era una vieja picadora de carne a manivela. Él la ponía en la mesa de la cocina, extendía un papel limpio, y luego mi madre empezaba a picar trozos de carne especial para el *kuftah*, un plato armenio en el que se mezcla carne cruda, granos molidos de trigo, cebolletas, perejil y abundante cayena. Como a casi ninguno de casa le gustaba la carne cruda, mi madre y yo podíamos disfrutar en abundancia de este fino aperitivo. Estos tesoros, y los recuerdos que trajeron consigo, eran el premio a las abrumadoras responsabilidades que había asumido con tanta renuencia.

La gente que llegaba a la casa (el servicio de limpieza, el representante de la inmobiliaria, el tasador oficial, el corredor de inmuebles), se quedaba asombrada ante la cantidad de cosas que mis padres habían acumulado. Oí algunos comentarios, como: «Que haya suerte», «Espero que no seas hija única», «Vaya, *no* me gustaría nada nada estar en tu lugar», «Qué cantidad de antigüedades».

Había que abrir cada caja. Empezamos con el escritorio, donde Mardig guardaba gran parte de sus papeles. Había que examinar atentamente cada archivador. Los archivos y los sobres repletos de documentos no estaban etiquetados. Los documentos con importancia o sin ella estaban todos mezclados. Mardig se había vuelto un experto en esconder cosas. Encontramos documentos importantes entre las páginas de viejos periódicos almacenados en el salón. Así, no se podía determinar si alguna de aquellas pilas de papeles era inservible, ni tirarla a la basura sin examinarla antes. Sólo este proceso nos llevó más de cien horas del tiempo de David y del mío; casi la mitad de todos los días de abril que ambos pasamos en casa en aquella ocasión. Era comparable a un empleo a tiempo completo. Sólo para revisar todos los papeles de mi padre, habría hecho falta una persona que trabajara dos semanas y media a tiempo completo.

Cuando estábamos terminando con el escritorio, pensamos que quizás podríamos acabar toda la tarea durante esta estancia.

Pero luego, encontramos más cajas apiladas contra un aparador chino en el salón. Cuando por fin parecía que teníamos revisados los papeles, aparecía otra tonelada.

Tras mirar algunas cajas, vi que parte de ellas eran de Mardig y el resto de mi hermano. Como ya tenía suficiente con las cosas de mi padre, no quería gastar mi tiempo con las de mi hermano. Recogí todas las cajas que le pertenecían y las puse en el comedor. Cuando yo era adolescente y dejamos de usar aquella habitación para comer, mi hermano lo reclamó para usarlo como despacho. Pero, para complicarlo todo, Mardig había colocado muchas de sus cosas en las cajas de mi hermano. Habría que revisarlo todo minuciosamente. No acabaríamos hasta mayo.

Un mes después del viaje de abril, tuve que volver sola a Milwaukee para terminar de procesar los efectos personales de mis padres. Esperaba que mis hermanos me ayudaran de nuevo. David había empezado en un nuevo trabajo y no podía acompañarme. Ésta sería la última vez que tendríamos que encargarnos de organizar todas las cosas de mis padres. Tenía que hacer los trámites para vender la casa (algo que nunca había hecho antes) y debía tener la casa limpia (una vez que la hubiéramos dejado libre de cosas). Tras pagar casi 800 dólares a un servicio comercial de transporte de trastos, me enteré de que el Departamento de Servicios Públicos de la ciudad los habría recogido gratis, ya que mi padre era el propietario de la casa. Los impuestos de propiedad que había pagado durante años también servían para cubrir ese tipo de traslados dentro de Milwaukee.

Llamé a mis hermanos para persuadirlos de que me ayudaran. Mientras me contestaban, seguí ordenando los papeles de Mardig en un proceso que parecía interminable. Envié toda su documentación importante a California. David y yo ya habíamos pasado tiempo organizando esos papeles, pero todavía quedaba mucho por hacer. Era como si, cuanto más clasificábamos, más cosas aparecían. Mi viaje de mayo no fue distinto. *¡Todavía quedaba mucho por hacer!*

Dondequiera que mirara, había siempre más *cosas*. Mis esfuerzos casi no hacían mella. Me sentía cada vez más agobiada y empecé a sentirme frustrada. Todavía quedaban todas aquellas cajas en el dormitorio de la segunda planta, que no habíamos terminado de revisar en abril. Estaba a punto de llorar.

Ningún miembro de mi familia me ayudaría en este segundo viaje. ¿Podía, sin más, dejarlo todo tal como estaba? Yo, la apoderada de mi padre. ¿Qué pasaría si me deshacía de todo por las buenas, y resultaba que había bienes valiosos, como bonos bancarios o dinero en efectivo? ¿Sería mi responsabilidad? ¡Quedaba tanto por hacer! ¡Yo no me esperaba esto! Nosotros sólo queríamos ayudar a Mardig. La tarea de administrar sus asuntos me estaba matando. Si salía de ésta, ganaría experiencia. Aprendería cosas que no hubiera sabido de otro modo. Sólo quienes realizan grandes esfuerzos aprenden en la vida.

Estaba intentando mirar el lado positivo de las cosas. Aun así, estaba cada vez más frustrada y empezaba a sentirme furiosa con toda mi familia.

¡Detestaba esto! ¿Por qué tenía yo que encargarme de todo? ¿Por qué mi hermano no estaba aquí, ayudando? Después de todo, él había vivido en esta casa durante cuarenta y cinco años, ¡gratis! ¿Qué clase de persona se aprovecha tanto de sus padres y luego no les retribuye con un mínimo sentido de responsabilidad? Nunca llamó a Mardig cuando le llevamos a vivir a California. Mardig se fue de Milwaukee en septiembre, y ya era enero cuando le pregunté a mi hermana: «¿Sabes algo de nuestro hermano?». ¡Ninguna de las dos sabía nada de él! ¿Qué

estaba haciendo yo allí, ocupándome de todo, la menor de los hijos y la primera en irse de casa? ¿Por qué mis padres no se encargaron de ordenar todo esto?

Me irritaba su irresponsabilidad... su desidia... su avidez por acumular tantas cosas. ¿Dónde estaba mi hermana? Tenía ganas de tirarlo todo, ¡al diablo con ello! No les importa. Mi padre nunca tuvo la iniciativa de arreglar sus asuntos. Pero, después de todo, ¿no estoy haciendo lo que yo me he buscado? Lo llevé a California para cuidarle, porque sabía que no iba a sobrevivir solo al invierno de Wisconsin.

Así que ahí estaba yo, metida entre las cosas de mis padres... entre todas esas cosas que mantuvieron alejadas de mí porque no querían que supiera todo lo que tenían. Y ahí estaba, ocupándome de ellas. ¿Es ésta la clase de destino que la vida nos depara? ¡Estaba asombrada con todo lo que mi madre había embalado! Ella y Mardig deseaban mudarse a la Costa Oeste. Querían disfrutar de un clima más cálido y empezar una nueva vida. Pero ella había embalado todas sus cosas viejas para llevarlas consigo: ropa vieja, accesorios de costura —incluidas telas estampadas de los años sesenta y setenta—, hasta bolsas de plástico y papel higiénico. Si deseabais iniciar una nueva vida, ¿para qué llevar con vosotros tanto de la vida que queríais dejar atrás?

Me asombra cómo podemos pensar que trasladarnos de lugar geográfico nos apartará del pasado y convertirá todo en algo nuevo. Pero, si además llevo todas mis cosas viejas conmigo, seguiré siendo la misma de siempre, sólo que en un lugar distinto. Es la persona la que tiene que cambiar, no el lugar.

Era triste pensar en cómo mi madre había embalado todo aquello, pensando en llevárselo consigo. Había tanto. Entre las cosas que encontramos había ¡treinta tijeras! ¿Qué haríamos con ellas? Cada una había sido cuidadosamente envuelta en pañuelos de papel y luego atada con un cordel. Aquella noche de abril, días antes de que David y yo volviéramos a California, mis hermanos y yo habíamos acordamos llevarnos algunas de las prendas de vestir que nos recordaban a nuestra madre. El resto lo tendríamos que tirar, vender o donar.

En mi viaje de mayo, hubo algo inesperado que compenso la sensación de soledad y la autocompasión. Aunque mis hermanos sólo me habían ayudado unos días en abril, la novia de mi hermano, cuya familia acababa de pasar por una situación similar a la muerte de su madre, se ofreció a ayudarme con mucha diligencia. Se preocupaba mucho por mi hermano y quería conocer mejor a su familia. Sólo había un pequeño inconveniente: no tenía coche. Le ofrecí recogerla, pero prefirió que fuera mi hermano quien la llevara. La casa de Mardig estaba a unos 24 kilómetros del lugar donde ellos recientemente se habían mudado.

Mientras estuvo conmigo, trabajó a fondo y su ayuda fue enorme. No dejaba que se lo agradeciera, pues se sonrojaba ante mis palabras. Era una persona maravillosa, amable y atenta. También compartió conmigo algunos comentarios cálidos sobre mi hermano, aquel lado humano que yo había pasado por alto desde que hacía tiempo nos habíamos distanciado. Fue con ella con quien ordené las cosas de la habitación principal y con quien terminé de revisar las cosas de mi madre. Fue con ella con quien compartí muchos recuerdos de mi infancia.

Comentar con ella estos recuerdos era duro, porque pensaba en cuánto más bonito no hubiera sido hacerlo con mis hermanos, escuchando sus historias de nuestra niñez, como en abril, estando una noche en la habitación principal, ordenando las cosas de mamá.

Recuerdo que aquella noche nos contamos historias, jugamos desfilando con la ropa que encontramos, y comiendo la pizza que encargamos, en aquella habitación, mientras veíamos vídeos de

Mardig que David y yo habíamos traído especialmente para esa ocasión. Fue una noche que concluyó con mis hermanos agradeciéndome haber asumido esta difícil tarea y habernos reunido.

Esa noche, mi hermano se emocionó y lloró, aunque mamá había muerto hacía cuatro años. No supe qué pensar o sentir cuando le oí llorar en su habitación. Rara vez lo había visto expresar sus emociones. A lo largo de los años, me había acostumbrado a su lado más duro e insensible. Siempre que hablaba con él, lo veía como un hombre egocéntrico. Mi intuición me decía que aún no había hecho frente al dolor por la muerte de mamá.

Mamá y él tenían la relación más estrecha dentro de nuestra familia, por lo que era irónico que ni él ni mi hermana estuvieran presentes en su funeral, si se le puede llamar así.

Recuerdo haber llamado a mi hermano para que asistiera; le pregunté sobre el estilo de ataúd que le hubiera gustado a mi madre. Su consejo fue: «Decide tú. Confío en ti. Yo estoy ocupado».

No podía entender que se pudiera ser tan irresponsable. Prometió estar en la casa a la hora señalada y no apareció. Al igual que mi hermana, daba una excusa tras otra sobre lo ocupado que estaba. Me cansé de oír sus excusas. *En los ocho meses anteriores, ¡yo había dejado a un lado mi carrera para hacerme cargo de esto! ¡Sólo les pedía una semana!*

En dos ocasiones, mi hermano se comprometió a recoger a su novia a una hora determinada y no apareció. A pesar de mis repetidos ofrecimientos para llevarla a su casa, ella no aceptó. Mi hermano había dicho que la dirección de su casa y su número de teléfono no eran asuntos míos, así que no quise presionarla. Bastante agradecida estaba porque la hubiera traído a casa.

La primera vez que faltó a recogerla, como había prometido, ella me preguntó si podía pasar la noche en la casa. Me dijo que, en todos los años que conocía a mi hermano, nunca había estado en esta casa sola y le hacía ilusión saber cómo sería pasar una noche ahí sola. No había teléfono, ni comida, ni las comodidades de una casa. Fuimos a buscar ropa para que se pudiera cambiar, ya que no había venido preparada para pasar allí la noche. Creo que le daba vergüenza quedarse, pero quería hacerlo.

La segunda vez fue el día en que vendimos algunas cosas. Mi hermano prometió llegar a mediodía para ayudar. Yo no había dormido bien y estuve despierta hasta las 5 de la mañana, así que estaba cansada. Mi energía había desaparecido. Fue un día largo. Después de esperarlo, con hambre y cansadas, a las 6:30 la novia de mi hermano y yo salimos de la casa de Mardig y fuimos a casa de mi cuñado para hacer unas llamadas. Ella llamó al *busca* de mi hermano y dejó un mensaje en el contestador pidiéndole que llamara de inmediato. No llamó, y eso nos molestó. Bebimos varias cervezas para engañar el hambre y el disgusto (especialmente el mío). A las 9:45, tras oír los continuos gruñidos de nuestros estómagos y desfallecidas de hambre, sugerí que nos fuéramos a cenar. Elegimos un restaurante griego próximo a donde ella vivía. Ya era casi medianoche cuando la dejé en su casa. Me costó mucho mantener los ojos abiertos en el camino de vuelta a la casa de mi cuñado, donde me estaba hospedando.

Sin su ayuda, yo no hubiera podido terminar con todo. Cada una de esas tareas resultaban abrumadoras y, a medida que pasaba el tiempo, parecían inabarcables. Su interés y sus palabras de aliento me ayudaron a cumplir con esta última fase de responsabilidades en Milwaukee como apoderada legal de Mardig.

Creo que encontramos familia donde podemos en los momentos difíciles. Mis padres nos educaron en medio de una discreción absoluta. Cuando mis hermanos y yo íbamos a la escuela primaria, teníamos prohibido contar a nuestros amigos cómo se ganaba la vida mi padre. Nunca entendí por qué. Mi madre me susurraba al oído: «Eso no le interesa a nadie. Si alguien te lo pregunta, di: "No sé"».

Oiría lo mismo muchos años después, cuando trabajaba para una empresa contratada por Defensa. Cuando autorizaron mi acceso a trabajar en sus programas especiales, los responsables de los programas de seguridad me recomendaban: «Si alguien te pregunta, simplemente di: "No lo sé"».

Ahora estaba compartiendo la historia de mi familia con la novia de mi hermano, consolada por su amabilidad y comprensión, por su simpatía y auténtico interés. Ella fue mi familia durante aquellos días.

Además de ella, otras sorpresas agradables aliviaron mi profunda tristeza. Mi relación con el hermano de Mardig se fortaleció. Esto fue importante para mí, pues no conocía a mi familia paterna. Malentendidos familiares nos mantuvieron alejados de ellos durante gran parte de mi niñez. No obstante, mientras estuve en Milwaukee, mi tío y su esposa me ayudaron tanto como pudieron. Mi tío tiene la enfermedad de Parkinson y está ciego. No puede andar bien, de modo que usa silla de ruedas. Hablamos mucho por teléfono. Me invitaron a que pasara unos días con ellos, en su bella casa de Lake Forest, en Illinois. Acepté la invitación en numerosas ocasiones.

Cada vez que los visitaba, tenía a mi disposición una suite, con baño individual, grandes armarios empotrados, teléfono, televisión y una cama enorme. *¡Aquello era mejor que un hotel!* Además, tenía comida casera y pasaba buenos ratos charlando con la familia: mis tíos, sus hijos y sus nietos.

Repasábamos la niñez de mi tío y mi padre y mirábamos sus álbumes de fotos. Me mimaban demasiado. Después de cada visita, cada vez me resultaba más difícil volver a la casa de Mardig en Milwaukee para acabar lo que aún quedaba por hacer.

Además de las fotos infantiles de mi padre, que nunca había visto, otro regalo inesperado fue ver el fajo de cartas que Mardig le había escrito a mi tío, mientras luchaba en la Segunda guerra mundial. Mi tío se las trajo todas cuando volvió de la guerra. Las leí. Luego, mi tío ofreció enviarme copias. ¡Qué tesoro!

Sabiendo cuánto temía volver a trabajar con las cosas de Mardig, se ofrecieron a visitarme el día de la venta de las pertenencias. Me emocioné cuando aparecieron. Al observar mi cansancio, insistieron en que descansara un poco y fuéramos a comer algo. Pedí a la novia de mi hermano que vigilara bien las cosas mientras yo tomaba un respiro junto a mis tíos.

La venta de propiedades era físicamente agotadora, y para mi sorpresa, también un desgaste emocional. Era duro ver cómo las cosas de mis padres iban a parar a manos de otros. «¿Cuánto habrían pagado por ellas?», le pregunté varias veces a la vendedora comercial. Los precios no tenían sentido. Cosas que deberían venderse por muy poco alcanzaban precios altos. Otras que merecían un buen precio, se vendían muy baratas. Luego estaba el tema en sí de la vendedora comercial.

¿Podía confiar en aquella vendedora? Había algo en ella que no me acababa de llenar. No sabía qué, pero presentía que tenía que andar muy atenta. Quizás fuese que había estado tratando de impresionarme con sus logros. Además, yo nunca había pasado por una venta de propiedades. David y yo nunca habíamos ido a las ventas que se hacen en los garajes de las casas, ni a los mercados de segunda mano, ni a nada similar. Así que, tal vez fuera la incertidumbre que todo esto me causaba. Yo no habría sabido cómo poner en venta todas las cosas de la

casa tan rápido y a un precio razonable. Sin embargo, más tarde mis sospechas se confirmarían, pues ella no cumplió con el acuerdo que pactamos.

Cuando volví a casa de Mardig, me sorprendió encontrar a mi hermana. Ella también se sorprendió al ver a mis tíos. Nos sentamos en el coche de ellos y estuvimos charlando un rato. Luego, mis tíos se fueron y mi hermana se quedó.

Empezó a hacerme infinidad de preguntas sobre la venta. Me hizo críticas bastante duras sobre cómo debía haberse hecho y a cuánto debían haberse vendido las cosas. Hasta acusó de estafa a la vendedora comercial, quien después me dijo que mi hermana la había ofendido con sus críticas, lo que no me importó mucho, dada mi propia desconfianza en aquella mujer; pero a mi hermana no le había importado nada de esto antes. Así que, no hice caso a sus críticas que llegaban *¡después de todo el trabajo que me había tocado hacer!* Empezamos a discutir. Yo estaba cansada y ya no tenía paciencia con ella. Le dije que era egoísta y egocéntrica. Le dije que no se le ocurría pensar en todo el trabajo que me había supuesto organizar las cosas en casa de Mardig..., que sólo pensaba en su vida..., que nunca le había importado que yo hubiera tenido que hacer un viaje tan largo para cuidar de alguien que vivía a sólo cinco manzanas de su casa. Ni qué decir tiene que salió por la puerta, se metió en su coche y no ha vuelto a hablarme nunca más.

Días después, donamos las cosas que no se vendieron, vendimos la casa y yo me quedé con algunos remordimientos. Estaba convencida de que si mis hermanos se hubieran implicado, lo habríamos hecho mejor. Les pedí que lo hicieran muchas veces. Sí, seguramente hubiéramos tenido peleas. Éramos hermanos. Pero de haberlo hecho juntos, hubiéramos compartido muchos momentos y ello nos habría convertido en una familia más unida.

Todavía quedaba el asunto del acuerdo entre la vendedora y yo. Ella quería que le pagara inmediatamente sus honorarios por haber encontrado un comprador para la casa. Como la casa aún no se había vendido, yo consideraba que todavía no tenía por qué pagarle. Mi negativa originó una serie de conferencias telefónicas para dirimir quién tenía la razón.

Preocupada por saber si estaba siendo justa o no, llamé a otra vendedora inmobiliaria que me había ayudado en una ocasión anterior. Me informó de que sólo los agentes de la propiedad inmobiliaria con licencia oficial podían cobrar comisiones *por* vender o *encontrar* compradores para una casa. La que yo había contratado no la tenía; tal vez estaba preocupada por estar infringiendo la ley.

En cualquier caso, no me dejé intimidar y no le pagué la comisión hasta tener cerrada la venta de la casa.

La segunda parte de nuestro acuerdo era que ella me enviaría una copia *firmada* de su tasación. Hasta ahora no la he recibido.

Por todos estos detalles enojosos, respiré tranquila cuando acabó cuando todo el proceso de ventas.

Después de todo lo que había pasado en los últimos ocho meses, pensé que lo peor ya estaba atrás. No más de quince o dieciocho horas de trabajo diario para hacer lo que luego supe que suele durar meses. A partir de ahora, mis visitas a Milwaukee serían sólo por placer. En California, sólo quedaban pequeños detalles por resolver. Podría, fácilmente, acomodarlos en mi agenda. Ahora podría ocuparme de *mis* asuntos, bastante perjudicados por mi abandono.

Quince
Siempre hay algo: La sexualidad

En una entrevista televisiva, Gilda Radner contaba que su padre solía decir: «Siempre hay algo», así que ella la utilizó en el programa Sábado por la noche en directo. También fue el título de su libro, que describía su denodada lucha contra un cáncer de ovarios.

Al volver a California, me dijeron que Mardig estaba exhibiendo un comportamiento sexual inapropiado. *¿Qué quiere decir esto?* Aunque es frecuente que las personas con Alzheimer tengan comportamientos sexuales, ello es potencialmente embarazoso para la familia y para los cuidadores. *¿Pero mi padre?*

Mi padre era el perfecto diplomático, un caballero. Aunque pasó parte de su adolescencia en las calles de Chicago, era educado y respetuoso con los demás. Recuerdo numerosos sermones durante mi niñez mientras me enseñaban cómo tenía que tratar a la gente. En los últimos años también habíamos hablado por teléfono sobre cómo relacionarse con la gente. Yo le contaba algún problema concreto del trabajo y su respuesta siempre tenía que ver con el respeto por los demás, especialmente por los superiores. *El caso que hice o no de sus consejos es otro tema.*

En cuanto a la sexualidad, él siempre fue muy reservado. Nunca contaba chistes verdes. Cuando éramos pequeños, nuestros amigos nos preguntaban si conocíamos palabrotas en armenio. Cuando le preguntábamos, nunca nos las decía. ¡Ni siquiera cuando ya éramos adultos! Yo lo veía como un hombre discreto y reservado en materia sexual.

Por eso me sentí alarmada cuando me enteré de su comportamiento. En junio, durante la revisión trimestral que le efectuaban en la residencia donde vivía, lentamente, su comportamiento fue puesto, poco a poco, en mi conocimiento.

Es el gobierno federal el que ordena esas revisiones, que supervisa la Oficina Estatal de Autorizaciones. En estas sesiones participaba un comité de representantes de los servicios sociales, de la enfermería, de los departamentos de actividades, nutrición y otros. Impresiona la dedicación de este personal, que saca tiempo de una agenda bastante cargada para llevar a cabo estas revisiones.

Yo percibía un tono hostil en estas sesiones (ésta era la segunda a la que asistía). *Quizás debido a la mala reputación que se ganó mi padre al escaparse de la residencia el mismo día de su ingreso, para aparecer perdido y desorientado en el desierto del Mojave.*

En lugar de un: «¿Cómo podemos trabajar juntos para el bien común?», el mensaje que yo percibía en estas sesiones era: «Te damos esta información, y te urgimos a que hagas lo que se te dice». Quizás sólo fuese una percepción mía. Y sé que Mardig fue conflictivo cuando llegó a la residencia. Así que, ésta era razón suficiente para constituir un problema.

Sin embargo, es una de esas situaciones en las que estás con personas cuyo trabajo implica el cuidado de tu ser querido. Necesitas un intercambio positivo de ideas con ellas.

Pero, por una razón o por otra, la dirección parecía tener sus propias ideas. Si no estaba de acuerdo con ellos, me miraban como si fuera conflictiva. Si comentaba algo (por ejemplo: «Las gafas de mi padre siguen perdidas, por favor, ¿podrían buscarlas?», «Las encías de mi padre se están infectando y uno de sus dientes cada día está más gris. ¿Comprueban si alguno de los auxiliares le cepilla los dientes al menos una vez al día?»), temía que pudieran complicar la vida de Mardig, o peor, sacarlo de la residencia por razones «legítimas». ¡Eso ya había ocurrido! Conocía dos casos en los que habían echado a un residente. Y me habían dicho que las familias no podían hacer nada.

Por otra parte, si callaba mis peticiones, ¿qué pasaría? Quizás mi padre no recibiría los cuidados que necesitaba. «No tendría que ser tan difícil», me repetía una y otra vez. Pero lo era. Aún no sé cómo actuar. Se supone que por 120 dólares al día, es decir, 44.000 dólares al año —en una habitación compartida con otras dos personas—, a mi padre deberían cuidarle *un poquito más*.

Empezaron diciéndome que Mardig no ha cambiado mucho.

Sorprendente, porque yo sí he notado un gran cambio en su capacidad para reconocerme. No se da cuenta que soy su hija. En ocasiones, me convierto en su hijo. La mayoría de las veces soy un rostro familiar que le hace sentir contento y seguro, alguien que le rescatará de los problemas que pasan por su mente. Otras veces, las menos, soy alguno de sus padres, «Mamá» o «Papá», el género es lo de menos. Pregunté al comité qué querían decir con «El señor Avadian no ha cambiado mucho».

Otro me dice que mi padre seguía con su comportamiento errático y que se había ido un par de veces de la residencia en medio de los visitantes que salían. *¿No había discutido este asunto en detalle con la gerente y la jefa de enfermería la primera vez que Mardig se fue? Se nos dijo que en los primeros días de internamiento, muchos residentes intentaban* *irse. Pero meses después, yo había observado personalmente a tres residentes —una mujer y dos hombres— que repetidamente intentaban salir en dirección al aparcamiento hasta que un auxiliar los obligaba a entrar. En mi opinión, ninguno de ellos había sido lo suficientemente ingenioso para urdir una «gran escapada» como la de mi padre. Aunque ahora me río de aquello, en su momento me destrozó los nervios. Así que, dado el peligro potencial que había, una vez más decidí dar algunas sugerencias de sentido común.*

Sugerí que vigilaran las puertas y que pidieran a los visitantes que tuvieran cuidado al salir. Aunque nadie había pedido mi opinión, me levanté para mostrar cómo abrir la puerta y cómo cerrarla inmediatamente después, para asegurarnos de que nadie se filtre en nuestra salida. Lo creo innecesario por ser de sentido común, pero lo dije, pues la vida de Mardig depende de ello. Uno de los miembros del comité ni siquiera atiende. Nadie toma notas. *¡Por supuesto que no! ¿Por qué tendrían que hacerlo? ¡Esto es de sentido común!* Añadí que deberían poner un cartel pidiendo a los visitantes que cierren bien la puerta al salir, para que los residentes no se marchen accidentalmente. Hice una demostración de cómo mirar a mis espaldas mientras cierro la puerta y me aseguro de que ésta quede bien cerrada. *Convencida de que a mis palabras hacen oídos sordos, me siento.*

Me dicen que mi padre ya no pide lápices, bolígrafos, mapas, ni guías telefónicas. Solía tomar notas y buscar los nombres de los bancos y las personas que recordaba en la guía. Tomaba notas de todo y solía escribir con gran detalle en sus diarios. Cuando perdió sus gafas, su deseo de leer y escribir menguó.

Explicaron que Mardig sigue a vueltas para cumplir *una misión,* y que se les resiste cuando intentan reconducir sus pasos. Me tomo la libertad de dar otra sugerencia que nadie me ha pedido. *Ustedes se creían que estaría escarmentada por la indiferencia de antes. Intento* explicar la paciencia que hay que tener para «conectar» pacientemente con la persona antes de intentar reconducirla. *Se me oye con el mismo desinterés.*

Una de las representantes me dijo que mi padre ordena los cajones de los demás. Dice que se pasa toda la noche dando vueltas, desconectando las alarmas (al tratar de salir por alguna puerta), molestando a otros residentes en sus horas de sueño al revolver en sus cajones. *Vaya, recuerdo cuando vivía con nosotros. No podíamos dormir seguido ninguna noche.*

Hasta que les urgí a que me dieran más detalles, no me enteré de todo lo que realmente había estado haciendo Mardig. Los representantes empezaron a inquietarse y a desviar la mirada. Lo dijeron poco a poco. Uno dijo: «Tu padre se alivia de forma inadecuada». Luego hizo una pausa para esperar mi reacción.

¿Quién está preparado para algo así? Recordé el mes de enero, cuando aún vivía con nosotros. Al usar el baño, nunca acertaba a hacerlo en la taza. Encontrábamos orina en el retrete y a los lados, en la bañera, en el suelo, y salpicones en su ropa. Intentando asegurarme de que entendía lo que me estaban diciendo, pregunté: «¿Qué quieren decir?».

«Hace sus necesidades en los pasillos».

«¿En serio?». *Imaginé lo difícil que esto debía ser para ellos. Recordé todo el esfuerzo que implicaba su cuidado cuando vivía con nosotros. Y ellos mantienen esta residencia muy limpia. A decir verdad, continuamente la están limpiando; si el ambiente siempre huele a sustancias de limpieza, debe ser por algo.*

«¿Qué más hace?».

Los representantes se miraron y una de ellas dijo: «Es exhibicionista».

Intenté ocultar mi sorpresa. Bien sé que eso es algo natural en el estado en que se encuentra. No se da cuenta de lo que hace porque la enfermedad está destruyendo su cerebro. No puedo culparle. Tengo que aceptar que así es. «¿De veras? ¿Y eso?». Lo dije tan tranquilamente como pude.

«Bueno, lo vimos con su pene en la mano en el comedor».

«Mmm». *Trataba de mantenerme imperturbable mientras luchaba con mi incredulidad.* Para aclararme dije: «¿Quiere decir que se baja los pantalones y se coge el pene?».

«Sí», respondió con rapidez.

«¿Le ha visto usted hacerlo?», le pregunté al director del servicio social, que respondió afirmativamente.

«No, pero lo sé por los informes». *El equipo de la residencia elabora informes semanales sobre cada residente. En el caso de Mardig, eran informes diarios.*

«¿Alguno de ustedes lo ha visto?», pregunté al grupo.

«Sí», me respondió la representante de actividades.

«¿Qué hizo?».

«Bueno, estaba de pie en el comedor con su pene en la mano».

«¿Y?».

«Bueno», dudó, «se estaba exhibiendo ante otros residentes». *Simplemente no podía imaginar a mi padre haciendo esto.*

«¿Y ellos qué hicieron?».

«Algunos se enfadaron, otros lo ignoraron».

Un pensamiento travieso y pícaro pasó por mi cabeza: «¡Mi padre ni siquiera consigue provocar en una residencia de Alzheimer!».

«¿Y usted qué hizo?», pregunté.

«Bueno, me puse frente a él y le pedí que dejara de hacerlo. Le dije que su comportamiento era impropio».

«¿Le entendió?».

«Sí, supongo que sí».

«¿Qué hizo?».

«Mardig dijo que no podía. Sonrío tímidamente y me dijo que estaba empalmado». *Vaya, esto comienza a ponerse embarazoso. ¿Mi padre...?*

En esta ocasión, sonreímos nerviosamente. «Entonces, ¿qué hizo usted?».

«Le alejé de los demás residentes y le ayudé a subirse la cremallera».

«Vaya», exclamé, y les comenté algunos aspectos del carácter de mi padre. Les describí cómo había sido, y cuánto se hubiera sorprendido al saber lo que haría años más tarde. Su comportamiento actual era completamente ajeno a como había vivido su vida. Había sido todo un caballero.

Dijeron que este comportamiento es frecuente en residentes que estaban sexualmente capacitados. Los familiares de otro residente me habían hablado de una mujer que se quitaba la ropa y andaba desnuda arriba y abajo por los corredores de la residencia. Sabía de un residente que con frecuencia llevaba mujeres a su habitación..., lo que me hizo volver a pensar en mi padre. «¿Qué más hace?», pregunté.

De nuevo, se miraron unos a otros, como para preguntarse: «¿Se lo decimos?».

«Orinó en una taza y se la ofreció a una de nuestras residentes».

«¡Como una ofrenda!», exclamé, intentando desesperadamente aliviar la tensión del momento.

Algunos tragaron saliva, los demás permanecieron serios. «¿Qué más hace?».

«Intenta llevar mujeres a su habitación».

«¿Lo ha visto usted?», pregunté al que lo había dicho.

«No, pero he leído los informes y una de las auxiliares dice que lo vio con una mujer en su habitación».

Me parece simpático que Mardig intente disfrutar de la vida en compañía de una mujer. No obstante, dada su situación mental y la de los otros residentes, me preocupan los daños físicos y emocionales que pudiera sufrir. Un niño pequeño que de pronto descubre a sus padres haciendo el amor puede pensar que es un acto doloroso. Lo comenté con el comité. Parece que aceptaron bien estos comentarios.

Pensé en lo desagradable que esto debe resultar para los maridos de las residentes. Por ejemplo, no sé qué haría Jonathan, que visita a su esposa frecuentemente, si encontrara a mi padre con ella.

Me pregunto: «¿Esto es como cuidar de los hijos?». Quiero decir que tenemos que tomarnos seriamente lo que hacen los hijos. No lo podemos ignorar. «Si Mardig, que me ha dado un poder notarial sobre sus asuntos de salud y otros (financieros, etc.), se comporta de forma impropia, ¿soy yo responsable?».

Los miembros del comité me recomendaron que hablara con la jefa de enfermeras, quien me urgió a que hiciera examinar a Mardig por un psiquiatra. ¿*Un psiquiatra*? ¿Cómo podría un psiquiatra ayudar a alguien con Alzheimer? Se lo pregunté y me dijo que la salud mental de mi padre requería de una evaluación, por si necesitaba de una medicación especial. *Mi padre tiene Alzheimer, ¿qué más hay que evaluar?* El psiquiatra le recetaría medicamentos.

En mi opinión, esto es el principio del fin.

Mardig tenía ochenta y seis años y no tomaba medicinas. Esto era poco corriente en alguien de su edad. Así que empecé a debatirme sobre cómo prepararlo para contaminar su cuerpo y equilibrar todo lo que tendría que ingerir. En los últimos años de vida de mi madre, sus dosis habían ido subiendo hasta llegar a tomar siete pastillas, cuatro veces al día. Los efectos de estas pastillas, que supuestamente tenían que ayudar a mantener las funciones vitales de su corazón, hacían estragos en su mente. *Claro, primero es una pastilla, luego dos, y luego más, hasta que mi padre se deteriore completamente.*

Hablé sobre la cuestión de la medicación con mi grupo de apoyo del Centro de Día de Cuidado de Adultos AEV. Algunos de los participantes me dijeron que la necesidad de medicamentos no indicaba el principio del fin. Argumentaron que cualquier cosa que ayudara a mi padre a vivir cómodamente con su enfermedad estaba bien. «De nada sirve el sufrimiento mientras vive el día a día. Además, su comportamiento agresivo puede ser un riesgo para los demás residentes, y por ello podrían desalojarlo de la residencia». Esto último me aterrorizó. Quería que Mardig se quedara donde estaba, cerca de mi casa, para poder visitarlo con frecuencia.

Quizás todavía no ha pasado lo peor. «Siempre hay algo».

Tengo miedo. Si no medicamos a Mardig, la jefa de las enfermeras y su equipo pueden decidir su salida de la residencia. Creo que se están apresurando demasiado, empujándonos hacia la solución más rápida, siendo éste un caso común entre enfermos de Alzheimer. Primero una pastilla, luego otra, ¡y pronto Mardig se convertirá en un *zombi*! Mi mente examina miles de ideas sobre qué hacer ahora. *No pueden obligar a mi padre a que tome medicamentos.*

Llamo al médico de Mardig y le pido su opinión. Le expreso mi preocupación por el hecho de que tenga que tomar medicinas. Él parece entenderme y me dice que visitará la residencia (lo hace semanalmente) para ver cómo andan sus pacientes. *Este médico se encarga de bastantes residentes. No sé de cuántos, pero pasa allí tanto tiempo que el anterior recepcionista me lo presentó como el director médico.* Me asegura que tratará con ellos la situación de mi padre.

Me quedo con los mismos pensamientos que tuve cuando por primera vez lo elegí como médico de Mardig. Si se le considera el director médico, ¿no habrá conflicto de intereses? ¿No se sentirá más inclinado a defender los intereses de la residencia que los de Mardig? Por otro lado, si visita a numerosos pacientes, puedo deducir que tiene una amplia experiencia para tratar a personas con esta enfermedad. Me dijeron que no todos los médicos son tan voluntariosos ni visitan a sus pacientes con tanta frecuencia como él. Éste era mi dilema, mientras esperaba sus noticias.

Fui a la reunión del grupo de apoyo y hablé de mis preocupaciones, en particular del riesgo del médico de un potencial conflicto de intereses. Roberta, que además actuaba como coordinadora, me recomendó llamar al médico y comunicarle mis preocupaciones.

Siguiendo este consejo, le llamé al consultorio unos días después. *Yo había estado esperando que me llamara después de su visita a Mardig, por quien se había mostrado tan preocupado.* Para mi sorpresa, me dijo lo mismo que la jefa de enfermería: «Haz que un psiquiatra vea a tu padre». Le pregunté si había otras opciones. Dijo que podía trasladar a Mardig a otra residencia, donde pudiera recibir atención individual. Le pregunté si conocía alguna que estuviera cerca.

Dijo: «No».

Le pregunté: «¿Son esas mis dos únicas opciones?».

Dijo: «Sí».

Yo desconfiaba. ¿Habría hablado con él el personal de la residencia y le habría recomendado que mi padre viera a un psiquiatra y empezara a medicarse? Yo no quería seguir ese camino.

Se me ocurrió una idea. Quería hablar con él sobre los deseos expresos de Mardig de no mantener su vida artificialmente. Había oído demasiadas historias sobre lo horroroso que resulta que un ser querido termine sus días por medios artificiales porque un médico o un hospital no conocían sus deseos al respecto. No quería que esto le sucediera a Mardig.

Volví a llamar al consultorio del médico y pedí hablar con él. Iba a hablarle sobre los deseos de Mardig, pero, cuando se puso al teléfono me quedé en blanco. Le dije que quería verle para discutir sobre la filosofía del paciente con él. Apenas dije esto, me di cuenta de que no debía haberlo dicho. Mi brusca solicitud para discutir sobre *la filosofía del paciente* podía implica cierto grado de insatisfacción con atención. Me puse nerviosa y no supe cómo retractarme.

Me dijo que si quería cambiar de médico, no habría problema.

Sorprendida, di marcha atrás. Sabía lo que había hecho. Sin embargo, no creí que mi petición pudiera ofenderle tanto. Tartamudeando, le dije que sólo quería *hablar* con él.

Me dijo que dijera lo que quisiera ahora que estábamos al teléfono.

Su reacción no reducía mi nerviosismo. Le dije que me sentiría mejor si hablábamos personalmente.

Él parecía resistirse a la idea.

Tras mi repetida insistencia, a regañadientes aceptó encontrarse conmigo.

Le conté a David lo que había pasado y empezamos a preguntarnos si no habría cuestiones culturales o de género en todo esto. Acordamos que David pediría tiempo en el trabajo para acompañarme a esta cita, por si el médico tuviera alguna dificultad para atender con paciencia las preocupaciones expresadas por una mujer.

No quería que cuestiones como aquella interfirieran en la salud de mi padre. David me acompañó a ver al médico de Mardig. Nos reunimos durante cuarenta y cinco minutos y discutimos a fondo todo aquel asunto (la medicación, el deseo de que permaneciera en esa residencia, el mantenimiento artificial de la vida). El médico dijo que haría un seguimiento del comportamiento de Mardig. Nos recomendó que lo examinara un psiquiatra. Aceptamos seguir su consejo si proseguía con su inadecuada conducta sexual. El médico pareció estar de acuerdo. En ese momento, David y yo sentimos que por fin habíamos conectado con el médico.

Dilemas. Si no es una cosa, es otra. Emocionalmente, todo esto era agotador. Tanto analizar las cosas nos consumía: las noches sin sueño, los sobresaltos y las vueltas en la cama, intentando entender algo de lo que sabíamos muy poco. *¿Por qué tenía que ser así?*

Otros cuidadores me daban fuerza al felicitarme por ser tan entregada. Alababan mi atención a los detalles al ocuparme de los asuntos de mi padre. Algunos me insinuaron que mis preguntas intimidaban a los demás. Tal vez heredé de Mardig lo de preguntar por todo. Él era un tremendo preguntón: una mente cuestionadora. Conocía bien sus temas.

Muchos de nosotros pasamos por la vida sabiendo muy poco acerca de muchas cosas. Todo lo que mi padre aprendía, lo quería conocer en profundidad. Suelo expresarlo así: *podemos aprender poco de mucho, o mucho de poco.* Yo prefiero lo último, porque preguntar y profundizar en las cosas, y luego escuchar con atención, es una disciplina que se puede aplicar poco a poco, a medida que transcurren los años en nuestras vidas.

Afortunadamente, las cosas salieron bien. Mardig dejó de exhibir comportamientos sexuales impropios. Eso quería decir que no tendríamos que llevarlo a un psiquiatra ni que someterlo a ninguna medicación para controlar su comportamiento.

Observando el panorama, la cuestión *omnipresente* es: «*¿Cuándo podré dedicarme a mi propia vida?*». *No sé hasta qué punto se habrían desviado mis hermanos de su camino para cuidar de Mardig.* Otros cuidadores siguen alentándome con sus cumplidos más sinceros.

«Eres una hija tan dedicada. Aunque ahora estés postergando cosas en tu vida, te sentirás feliz por haberte ocupado de tu padre».

«No te arrepentirás de esto».

«Tu padre tiene mucha suerte por tenerte a ti».

«Ojalá fueras mi hija. Cuando necesite cuidados, ojalá pudieras estar a mi lado».

CUARTA PARTE
Memorias

Dieciséis
Cuando pase el tiempo, esto nos hará reír

Cada vez que afrontamos experiencias difíciles en la vida, nos consolamos con aquella vieja frase: «Cuando pase el tiempo, esto nos hará reír». Bueno, se viven muchos de esos momentos cuando se cuida de un ser querido con Alzheimer.

El espejo, el espejo en la pared...

Algunos incidentes graciosos que David y yo recordamos ocurrieron frente a un espejo. Dos puertas de los armarios empotrados de Mardig tenían espejos. Pocas semanas después de que viniera a vivir con nosotros, oímos que hablaba con alguien en su habitación. Como sólo estábamos en casa nosotros, nos acercamos a su habitación con sigilo y entreabrimos la puerta. Apenas pudimos contener la risa cuando vimos que Mardig, sentado frente a los espejos, ¡estaba hablando con su reflejo!

Nos miramos y nos reímos discretamente, luego seguimos mirando a mi padre, que parecía cada vez más irritado ante las nulas respuestas de la imagen en el espejo. Volvimos al salón para tratar de clarificar lo que acabábamos de ver. Era distinto a otras experiencias que nos hacía pasar día a día; no sabíamos qué hacer.

Este comportamiento se repitió durante las semanas siguientes. Mardig nos llamaba a su habitación y nos mostraba a la persona que lo estaba imitando. Podíamos ver cómo se enfadaba. Nuevamente, no sabíamos qué pensar. Decía: «¡Miradlo! Todo lo que hace es imitarme y no responde a mis preguntas. Es un estúpido». *Había que entender que estaba hablando de sí mismo, de su reflejo.*

Intentamos algunas cosas, incluso utilizamos el vídeo para ayudarlo a entender la diferencia entre su presencia física y las imágenes reflejadas en un espejo, o en la televisión. No podía captar la diferencia. Lo tocábamos y le preguntábamos qué sentía. Se daba cuenta de nuestro roce. Pero, a pesar de que lo tocábamos y le pedíamos que mirara nuestras imágenes en el espejo o en la televisión, no podía asimilarlo. Entendía la diferencia entre las imágenes de David y de mí en la tele y en el espejo, pero no podía comprender el reflejo de su propia imagen. El hombre que aparecía en el espejo o en la tele era otro.

Llegó a tal punto, que incluso nos pidió que contactáramos con el gerente del canal para decirle que había una persona en la televisión que era exactamente igual a él. «Tú o David podríais escribir una carta al... del canal... al gerente de ese canal... ¿Qué canal es? Decidle que hay un tipo ahí que es igual a mí. Podrían investigarlo».

Mientras la cámara seguía grabando estos extensos momentos, intentábamos hacerlo entrar en razón. Yo pensaba: «Éste sería un vídeo muy gracioso para enviar a *America's Funniest Home Videos*[7]. Pobre hombre, no entiende nada. ¿Podría este vídeo ayudar a que las organizaciones que investigan el Alzheimer entiendan el modo de pensar de los enfermos, el modo en que procesan la información?».

Tuvieron que pasar varias semanas hasta que a David se le ocurrió la brillante idea de retirar los espejos y colocarlos puerta adentro.

---

[7] Es el equivalente al programa español *Vídeos de primera*. (n. del t.).

Incluso Mardig le ayudó a reinstalarlos. Yo no colaboré mucho con la nueva decoración, pero ciertamente le devolvió a mi padre la paz mental.

David se está volviendo loco.

Mientras yo estaba en Dallas en un viaje de trabajo, me envió los siguientes correos electrónicos, que pude leer en mi ordenador portátil.

Brenda,

Creo que me estoy volviendo loco. Juraría que tenía los papeles de los impuestos de tu padre; déjame preguntarte, ¿los tenía? ¿O es que están en algún cajón del escritorio? Siento preguntarte esto, pero juraría que tu padre ha venido repetidas veces a nuestra habitación por la noche, y creo que puede haberse llevado esos papeles.

Anoche se levantó a las 3:30 y empezó a afeitarse, estuvo dando vueltas por la casa un rato, y luego volvió a su cama. Tuve que levantarme para asegurarme de que no abriera ninguna llave de gas. El otro día abrió la válvula de gas que está cerca de la chimenea, pero lo vi de inmediato.

Anoche ocurrió algo muy raro. Estaba medio despierto, medio dormido, pero sé que algo se metió dentro de la cama. Parecía tener el tamaño de un gato, pero al mismo tiempo era como si alguien, o algo, me estuviera tanteando, intentando reconocer la figura de mi cuerpo. Recuerdo claramente lo que me pasó por la mente mientras esto sucedía: «Esto ya me ha ocurrido muchas veces». No estaba asustado. Recuerdo que pensaba que lo que quiera que fuese, tenía la capacidad de dejarme inmóvil: realmente no me podía mover, aunque estaba consciente. Recuerdo haber intentado con todas mis fuerzas quitármelo de encima. Era como un concurso de voluntades.

¡Gané! Pero me liberé con tanta fuerza, que todo lo que había sobre la cama salió volando por la habitación.

Después de esto, me quedé tan convencido de que algo o alguien deambulaba por el vestidor, que cogí una linterna para ir a ver. Por supuesto que no encontré nada. Pero sé que había algo en la cama. Juraría por mi vida que fue así. Me pregunto si tu padre está moviendo cosas sin que me dé cuenta (y sin que él mismo se dé cuenta).

Quería contarte estas cosas porque me han estado dando vueltas por la cabeza durante todo el día, y probablemente sigan durante el resto de la semana. Y ahora, no logro recordar dónde deje los papeles de los impuestos. Empiezo a creer que tengo Alzheimer.

David se rompe los dedos de los pies.

Tres días después, David me envió el siguiente correo electrónico. Sally lo estaba ayudando a cuidar de Mardig, y había invitado a éste y a David a cenar...

Brenda, cariño,

La cena en casa de Sally fue muy agradable, aunque Mardig estuvo un poco pesado. Después de la cena dijo que le apetecía comer algo pero no quiso decir lo que quería. Dijo que yo tendría que adivinarlo. No era un palillo de dientes, sino pan. Dijo que necesitaba pan para poder beber su refresco. Realmente le gusta «Wonder Bread»[8]. ¡Es increíble!

Cuando llegamos a casa, se fue derecho a la cama. Mientras lo ayudaba a acostarse, oí un ruido en el salón. Sabía que las gatas habían terminado de comer, así que pensé que eran ellas. Fui rápida-

---

[8] Una marca de pan. (n. del t.).

mente al salón, porque sé que a *Sev* le gusta colgarse en las cortinas. *Al pasar junto al escalón de la chimenea olvidé levantar el pie y escuché un fuerte crujido. Tengo los dos dedos medios del pie hinchados y me cuesta andar.*

Así que, vamos a ver: vivo en una casa con tres gatas que intentarían mearse en lo que pillaran cuando no hay un humano cerca, y con un anciano de ochenta y seis años que anda perdiéndose por la casa, que no ve bien, tampoco piensa bien, y que no oye. Ahora estoy lesionado y tengo que vigilar a los «animales» de la casa (a todas horas del día), luego tengo que conducir 120 kilómetros hasta el trabajo, ida y vuelta, y al volver a casa tengo que escuchar aquel grupo de veinte preguntas unas treinta veces.

Chico, la vida es maravillosa ¡y yo me siento ESTUPENDAMENTE! Te digo todo esto con humor. Lo voy llevando bien.

Te quiere, David.

Paul está quemando la casa.

Durante una de las reuniones de mi grupo de apoyo, Paul nos contó la siguiente experiencia personal:

A mi esposa le gustan las judías con jamón. Estaba guisando un plato de éstas en el horno para llevárselas a la residencia donde convalece. Mientras se cocinaban, fui a desayunar a un restaurante. Mientras comía, oí el estruendo de sirenas y vi que pasaba el coche de los bomberos. Pensé: «Vaya, ¿a quién se le estará quemando la casa?».

Terminé de desayunar y me dirigí a casa para recoger las judías con jamón con las que iba a dar una sorpresa a mi esposa. A medida que me acercaba, ¡vi un montón de patrullas de emergencia en mi calle! Seguí adelante, hasta llegar «mi casa» y ver que era allí donde estaban prestando auxilio. No entendía qué había ocurrido.

Mi vecina se acercó y me lo explicó. Había oído sonar la alarma de incendios de mi casa así que llamó a los bomberos. Cuando llegaron, entraron por detrás; yo había dejado la puerta del patio abierta. Encontraron que el horno aún estaba encendido y las judías con jamón totalmente carbonizadas.

¡Qué estúpido soy! ¡Se me había olvidado apagar el horno cuando me fui a desayunar!

Atravesé con el coche la puerta cerrada del garage.

Cualquiera que sea nuestra edad, alguna vez nos ocurre estar pensando en algo distinto, en lugar de concentrarnos en lo que estamos haciendo. Dentro de poco cumpliré cuarenta años y me ha ocurrido tres veces que, estando muy preocupada por resolver los asuntos de mi padre, he sacado mi coche del garaje ¡antes de que la puerta se abriera! Sumo los daños sufridos, 120 dólares por las dos antenas que se me rompieron, 850 dólares por las puertas del garaje, que en dos ocasiones tuvimos que reparar (sólo hubo que cambiar las puertas una vez) y 750 dólares por reparar los daños exteriores en mi coche.

Vuelve la camorrista de mi infancia.

A veces recuerdo a personas con las que compartí mi niñez. Una y otra vez vuelven a mi memoria y me pregunto qué habrá sido de ellas.

Cuando estaba en quinto grado, la camorrista de la clase se me acercaba para atormentarme y burlarse de mí. Yo trataba de ignorarla, pero ella me pegaba. Me hacía a un lado, pero ella y un grupo de niñas me seguían. Esto ocurría repetidamente. Una vez fue especialmente duro. Me pegó mucho y yo empecé a llorar. Me sentía asustada y avergonzada.

Años después me preguntaba: «¿Qué habrá sido de ella? ¿Habrá tenido éxito en su carrera? ¿La expulsarían de la escuela? ¿Habrá tenido hijos? ¿Dónde vivirá ahora?».

La venta de las propiedades de Mardig estaba a punto de empezar y yo quería grabar antes todo cuanto pudiera en vídeo. La secretaria de la administradora de ventas aceptó grabarme mientras yo iba describiendo las cosas de la casa. Empezamos por la acera de la entrada. En una primera toma general, aparece un plano general de la casa conmigo delante. Justo cuando estaba empezando a hablar sobre la casa y el parque que hay enfrente, aparcó a mi lado una camioneta. Enseguida se abrió la puerta y un perrito negro salió de ella corriendo. Luego salió una mujer, gritando, tratando de alcanzar al perro por la acera. Detuvimos la grabación. La mujer alcanzó al perro y lo llevó en brazos hasta el coche. Luego se volvió y se me quedó mirando.

Enseguida reconocí a la camorrista de mi infancia. «No, ¡no puede ser!», me dije.

«Yo fui a la escuela con tu hermana... o, quizás, ¡eras tú! ¿Cómo te llamas?», me preguntó.

Me estremecí. *La camorrista ha vuelto.* «Brenda», respondí de inmediato. *Han pasado veintisiete años y sigo condicionada a responderle rápido.*

Antes de que pudiera preguntarle nada, ella me lanzó otra pregunta: «¿Cuántos años tienes?».

«37».

«¡Entonces es contigo con quien fui al colegio!».

Ehhh, ¿Es posible? Nooo, ¡no puedo creerlo! Traté de mantener la compostura y controlar mis instintos. Así que, lo más educadamente que pude, respondí: «¿De veras...? ¿Cómo te llamas?». *Por favor, no lo digas, ¡por favooooor!*

Dijo su nombre. *¡Es ella! No lo puedo creer. La misma que me pegaba en la escuela primaria de Hayes; la misma que me hizo llorar. No, no era ella. Después de veintisiete años, ¿podía realmente ser ella?* Una vez más, intenté controlar mis emociones. Le di mi nombre, hubo una pausa y lo volví a repetir. Luego solté mi pregunta: «¿Tú eras la que me pegaba en la escuela de Hayes?».

«Sí, era yo», respondió acobardada.

«¡Vaya!». ¿Qué más podía decir yo?

Brevemente me explicó que en su casa vivió una infancia difícil y que se desquitaba pegando a otros. *Claro, ¡golpeándome a MÍ!* Me aseguró que había cambiado. *¡Espero que sí! Porque ahora tiene hijos.*

«¡Vaya!», dije de nuevo. *No se me ocurría qué otra cosa decir. Después de tantos años, tenía que encontrarme con la camorrista de mi niñez en medio de la venta de las propiedades de mi padre.*

Fui amable con ella, mientras andaba por la casa. En efecto, había ido a ver si compraba alguna cosa. La presenté a otras personas como la niña que me pegaba de pequeña. Avergonzada, ella trataba de hacerme callar, levantando las cejas o moviendo la cabeza y con el dedo índice en los labios. *Con la confianza recuperada por su debilidad, seguí diciendo la verdad.*

Irónicamente, estaba encantada porque ella misma se hubiera presentado ante mí. Así podía cerrar aquella puerta abierta en mi vida. En unos minutos, me ahorré varios años de terapia durante la venta de propiedades de mi padre.

Nuestro encuentro tuvo un final gracioso. Se acercó a la administradora de ventas llevando los objetos que iba a comprar. La presenté a la vendedora como una persona con la que había asistido a la escuela. Eso fue todo lo que dije. La vendedora sacó las cuentas. Ella pagó y se fue. La gente a la que antes la había presentado, y otros que hacían cola para pagar, me preguntaron si le había estado tomando el pelo y si mi intención había sido echarla de la casa. La vendedora me miró extrañada. Los demás le aclararon que aquella mujer solía pegarme. La vendedora me miró y me dijo: «No sabía que te hubiera pegado ¡y le hice un descuento!».

Seguir a cinco pasos de distancia.

En una reunión del grupo de apoyo, una de los participantes preguntó si era normal que su madre caminara unos pasos por detrás de ella en lugar de ir a su lado. Sonreí. Yo iba a hacer la misma pregunta.

Cuando estuve en Taiwan me llamó la atención el modo en el que las familias caminaban *juntas*. El hombre de más edad andaba por delante de su mujer y sus hijos, que lo seguían a unos pasos de distancia. En Taipei, la capital de Taiwan, vi que esto ocurría especialmente entre los hombres más viejos. Resultaba extraño al compararlo con nuestra cultura occidental. Las normas de buenas costumbres sugieren que el hombre camine junto a la dama, que le abra la puerta y que pase después de ella.

Mardig era muy caballeroso. En Milwaukee, cuando caminábamos juntos y nos aproximábamos a una puerta, él la sujetaba para que yo pasara y luego me seguía. Pero, unos meses antes de traerlo a California, David y yo notamos que caminaba unos pasos por detrás de nosotros. O, si lo llevaba de compras, me decía: «Tú ve delante, que yo ya voy». Si andaba despacio, él hacía lo mismo. Era como si existiera una barrera invisible que nos mantenía a distancia.

Nos pareció extraño. A veces sentíamos que era como tener un perrito siguiéndonos. Otras veces, creíamos que quizás estaba malhumorado y no nos quería cerca.

En cualquier caso, resultaba peligroso, por si Mardig se distraía y se iba a otro lado, así que teníamos que retrasar continuamente nuestros pasos para no perderlo.

Infringiendo la ley.

Un día de mucho viento, Lew, Mardig y yo fuimos a la reserva de amapolas de Antelope Valley. Hicimos muchas fotos y tomamos a mi padre en vídeo cometiendo un delito.

La amapola es la flor emblema del estado de California Nos habían dicho que arrancar las amapolas iba contra la ley. Mi padre no lo sabía; se inclinó, vio la flor tan bonita y, sin más, ¡la arrancó! Se fue, llevándose su valiosa adquisición con orgullo. Afortunadamente, nadie lo pilló.

No hay *adioses*, sólo *holas*.

Decir adiós es muy difícil. Cuando quieres a alguien, no quisieras nunca decirle adiós. Los amantes sufren cuando tienen que despedirse por teléfono: «No, dilo tú».

«Dilo y luego cuelga».

«Está bien, no nos diremos adiós».

Lo discuten durante cinco, diez, y a veces quince minutos, porque a los amantes no les gusta despedirse.

No es distinto cuando un ser querido tiene Alzheimer. David y yo descubrimos que no hay adioses, sólo holas.

Cada vez que visitamos a Mardig lo saludamos con un cálido «¡Hola!».

Él levanta la ceja, nos mira y luego nos regala una gran sonrisa. «Vaya, ¡qué gusto me da veros a los dos!», suele exclamar.

Después de pasar un par de horas con él, cuando tenemos que irnos, generalmente salimos sin más. A veces, dice: «Como si estuvierais en vuestra casa, haced lo que queráis. Yo tengo que...», y se va por ahí, o se sienta y descansa. Haga lo que haga, nos quedamos mirándolo un rato. Cuando se sumerge en el mundo que ha creado su mente, vemos que ya no se da cuenta de nuestra presencia y nos vamos.

Puede parecer cruel el que nos vayamos de esa manera. Pero realmente no lo recuerda. Es más doloroso para él cuando le decimos: «Adiós».

«¿Cuándo os volveré a ver?», pregunta, o «¿Dónde vais?», o «Llevadme con vosotros».

Hemos aprendido que simplemente hay que dejarlo estar, que no hay necesidad de decirle adiós.

Esto también ha tenido un profundo efecto sobre nosotros. Nos hemos dado cuenta de que llegará un día en el que ya no estará con nosotros. Así que atesoramos cada momento, sabiendo que cada visita que le hacemos puede ser la última.

Diecisiete
Tiempo con los demás

A veces mis pensamientos me devuelve a los días en que trajimos a mi padre a vivir con nosotros por primera vez. Era el otoño de 1996, un periodo de numerosos acontecimientos sociales. Disfrutaba viendo a Mardig sonreír y reír con mis amigos y con mis compañeros de trabajo. Se duchaba todos los días y siempre estaba bien vestido. Incluso llevábamos su ropa a la tintorería. No le gustaba que sus pantalones tuvieran arrugas. Era esbelto, muy educado y a la gente le gustaba pasar tiempo con él. Después de todo, era un perfecto caballero.

Mardig asiste a nuestras reuniones de trabajo.

Como Mardig vagabundeaba, David y yo nos turnábamos en casa para vigilarle; no obstante, con el paso de las semanas, nos dimos cuenta que esto limitaba los avances en nuestros respectivos trabajos. A veces los dos estábamos convocados a reuniones de trabajo, así que llevábamos a Mardig con nosotros. Al principio nos sentíamos incómodos. Después de todo, ¿quién lleva a su padre a una cita de este tipo, sobre todo si sufre Alzheimer y de vez en cuando dice o hace cosas bochornosas?

Nuestros temores eran infundados. Mardig les resultó encantador a nuestros colegas. Recibía mucha atención y representaba la suficiente distracción como para rebajar la tensión de una sesión de trabajo intensa. Él admitía que se estaba volviendo *engreído* con toda la atención que le prestaban. Nuestros compañeros disfrutaban mucho con su presencia y querían que siguiera acudiendo a nuestras reuniones.

Si me había preocupado creer que nuestros colegas simplemente intentaban ser amables, esta preocupación pronto desapareció. El ejemplo siguiente ilustra la clase de atención que Mardig recibía:

Una de nuestras colegas, una joven de largo pelo negro, le tomó simpatía de inmediato. Sonreía y se reía con sus bromas, y le daba masajes en la espalda y los hombros. Un día, antes de empezar con una reunión, invitó a Mardig a sentarse con ella en las mecedoras del patio de la casa de nuestro anfitrión. Al verlos a los dos, meciéndose como niños, sonriendo y bromeando, supe que tenía que comprar una videocámara.

Desde entonces he grabado muchos momentos especiales de mi padre. Recuerdos muy dulces.

Unos amigos especiales nos ayudan a cuidar a Mardig.

Menos de un mes después de la llegada de Mardig a California, yo tenía que hacer un viaje de trabajo. Organicé todo para que siguiera acudiendo al Centro de Día de Adultos; lo único que quedaba por arreglar era su cuidado durante las primeras horas de la mañana y las últimas de la tarde. Mardig pasaba seis horas en el Centro de Día y David tenía una jornada laboral de trece horas —cuatro horas de viaje y nueve de trabajo efectivo—; ¿qué podía hacer Mardig en las siete horas restantes?

Una planifición cuidadosa, mucha ingenuidad, y contando con el encanto de mi padre, nos llevó a pedir a dos amigas muy especiales que nos ayudaran a cuidar de él. Pero antes queríamos asegurarnos de que nuestros planes funcionaran. Jan se encargaría de Mardig por las mañanas y Sally por las tardes.

Sally ya cuidaba de su padre, así que confiábamos en que pudiera vigilar bien a Mardig. También su esposo, Ken, estaría para ayudarla si era necesario. Además, su casa estaba completamente rodeada por una verja que tenía un cerrojo metálico muy seguro. Mardig no podría ir muy lejos si le daban ganas de irse.

La situación de Jan era completamente distinta. Tendría que cuidar de Mardig sola, puesto que su marido se iba a trabajar a las 6:15 de la mañana. Vivía en una zona rural cuya vía de acceso era una calle muy transitada. Decidimos hacer una prueba del turno de Jan antes de que yo viajara.

A las 4:30 de la mañana David llevó a Mardig a casa de Dave y Jan, donde mi padre pasaría tres o cuatro horas hasta que Jan lo llevara al Centro de Día. Funcionó bien. Jan nos contó que habían pasado esas tempranas horas leyendo el periódico, bebiendo un zumo y tomando un desayuno con madalenas. Nos dijo que Mardig le había pedido repetidas veces un mapa porque quería saber dónde estaba.

Es triste pensar que mi padre no supiera dónde estaba. Todo le resultaría muy distinto en aquella meseta: un amplio valle rodeado por montañas que aún ofrece un paisaje abierto dondequiera que se mire; un valle lleno de árboles donde se empiezan a construir algunas urbanizaciones. En este lugar extraño y desconocido mi padre pasó buenos momentos gracias al afecto y la generosidad de unos amigos. Al final, ni él ni mi madre pudieron cumplir su viejo deseo de vivir juntos en California.

La prueba que hicimos funcionó. Ésa sería la rutina que seguirían mientras yo estaba de viaje. Era una suerte que tanto Jan como Mardig se apreciaran profundamente. A él le encantaba estar con ella y la empezó a llamar «la dama descalza». A Jan le gustaba mucho andar con los pies desnudos; rara vez se ponía zapatos o medias para andar por casa. A Mardig se le hacía muy difícil recordar los nombres (defecto que comparto con él). Siempre que hablábamos de Jan, nos referíamos a ella como «la dama descalza». Él recordaba con facilidad ese sobrenombre y podía describir sin problemas su fisonomía así como la zona donde ella vivía.

Jan disfrutaba de la compañía de Mardig porque era muy agradable y porque le recordaba a su propio padre. Un día, llevamos a Mardig a casa de Jan y Dave. Era una tarde fría de otoño. Mi padre, David y Dave se fueron al patio trasero para ver cómo marchaba la restauración que Dave estaba haciendo en su colección de antiguos Corvette. Jan y yo nos quedamos en la cocina, donde se estaba más caliente, y los mirábamos por la ventana mientras tomábamos nuestras bebidas. De repente, Jan me cogió por el brazo. Sin poder contenerse, exclamó: «¡Pero míralo!». Señaló a mi padre y dijo: «¡Se parece tanto a mi padre!».

Hasta una de las nuevas vecinas de Jan, compañera nuestra y amiga mía, se dio cuenta de la relación especial que había entre Jan y Mardig; me envió el siguiente correo electrónica, mientras yo estaba en Mississippi.

¡Hola muchacha!

Parece que lo estás pasando muy bien...

Estamos programando una reunión para el viernes... Cuando vuelvas tenemos que analizar algunas ideas...

La otra mañana vi a Jan con tu padre. Ella le estaba enseñando el buzón de correos. Debe ser una mujer maravillosa. Me gustaría conocerla mejor.

Que lo pases muy bien por allá. Yo procedo de esas tierras y las echo mucho de menos.

Nos vemos a tu vuelta.

A veces los regalos se nos otorgan (que a Jan Mardig le recordara a su padre) en los momentos en los que más lo necesitamos (yo necesitaba que alguien cuidara de mi padre durante mi ausencia).

Al final del día, Sally recogía a Mardig del Centro de Día. El padre de Sally también acudía allí dos o tres veces por semana, así que a ella le resultaba cómodo recogerlos a los dos. Los días en que su padre se quedaba en casa, ella pasaba por el Centro de Día para recoger exclusivamente a Mardig y llevarlo a su casa, donde él leía, veía la tele o revisaba mapas hasta que, dos o tres horas después, David llegaba para recogerlo. A veces, cuando David se retrasaba (el tráfico en Los Ángeles es impredecible), Mardig cenaba con Sally y su familia.

¡Vamos, que los amigos son un tesoro!

Mardig va a Las Vegas.

Para las fiestas de Acción de Gracias, decidimos llevar a Mardig a Las Vegas. Los padres de David viven allí, y su hermano, Bruce, también estaría de visita en esos días. Podríamos estar juntos, celebrar la cena de Acción de Gracias, y luego dar una vuelta por los casinos. No sabíamos cómo lo pasaría Mardig, pero le preparamos una maleta con ropa extra y salimos muy temprano la mañana de Acción de Gracias. Me senté en el asiento trasero del coche con la videocámara y Mardig se sentó delante, junto a David.

Las cuatro horas de viaje hasta Las Vegas fueron relativamente tranquilas. David y Mardig charlaban. De vez en cuando, yo me dormía, o hacía algunas tomas, especialmente cuando llegamos a la ciudad. Mardig se quedó sorprendido con Las Vegas. Aunque se daba cuenta de que estábamos en un sitio nuevo, me parece que no sabía que habíamos viajado desde California. Creo que pensaba que habíamos hecho esas cuatro horas de viaje desde Milwaukee.

Cuando estábamos para llegar a casa de mis suegros, nos detuvimos en una tienda para comprar algunas golosinas. Luego fuimos a la casa. Yo me quedé detrás, para grabar el momento en que mis suegros abrieran la puerta y vieran a mi padre. Dudo que Mardig supiera a quién estábamos visitando. La madre de David lo recibió con una gran sonrisa y un fuerte abrazo. Ninguno de nosotros sabía cómo reaccionar. Enseguida, todos pasamos dentro y nos sentimos en casa, disfrutando mucho de nuestro encuentro.

Mardig leyó, vio un rato la televisión con Bruce, y disfrutó mucho de la deliciosa cena de Acción de Gracias en medio de la conversación y el jolgorio general. Bruce cogió la cámara y nos tomó varios primeros planos. Luego nos reímos mucho al ver las tomas, que nos mostraban masticando la comida, haciendo gestos o hablando.

Aquella noche Mardig durmió en el dormitorio de huéspedes y nosotros nos acomodamos en el suelo del salón. Como él solía dar vueltas por la noche, queríamos estar al tanto. No dormimos bien. A medianoche se levantó y anduvo desorientado. Quería ir al baño y no recordaba dónde estaba. David lo ayudó a llegar y le explicó dónde estaba. Después de la insistencia de David, volvió a la cama. *¡Ay, todos los sacrificios que los «padres» tiene que hacer!*

Parte de la siguiente tarde la pasamos en el Caesar's Palace[9]. Mi suegro le enseñó a Mardig a jugar en las tragaperras. Vimos que mi padre disfrutaba mucho del juego, a pesar de todo el ruido y las luces. ¡Incluso ganó algunas monedas! Luego lo llevamos a que viera las ballenas en la pantalla del IMAX. Lo pasó muy bien, a pesar de marearse un poco. Después lo llevamos a un bar, donde pidió pescado con patatas fritas. Luego, lo llevamos a una tienda de dulces, ¡ahí es donde más disfrutó!

Se iba haciendo tarde y aún teníamos que hacer un viaje de cuatro horas. Nos despedimos con abrazos de los padres de David, y salimos del Caesar's Palace para volver a casa. Mardig parecía estar bien. Al ponerse el sol, nos detuvimos en una gasolinera para repostar y para usar los servicios. Esta parada confundió totalmente a Mardig. Quería regresar. Insistía en que estábamos viajando en dirección contraria. *Estaba tan convencido, que nos cuestionamos si realmente habíamos tomado la dirección adecuada.* Mardig quería regresar..., a Milwaukee. Hicimos de todo para que entendiera dónde estábamos. En algunos momentos se mostraba colaborador, y en otros se mantenía testarudo.

Esperábamos que, al llegar a casa, se volviera a sentir a gusto, en medio de un entorno más familiar. Pero no tendríamos esa suerte. Mardig creía que lo estábamos engañando y que para ello habíamos reproducido su habitación y todas las cosas que tenía en este *nuevo* lugar. Insistía en irse a casa, que lo estaban esperando, y decía que más adelante vendría de visita a este sitio. Nos tomó un par de horas hacerle poner el pijama y acostarlo. No estaba convencido, pero estaba tan cansado que ya no pudo porfiar más.

---

[9] Uno de los casinos más conocidos de Las Vegas. (n. del t.).

A la mañana siguiente, estaba tranquilo y contento como siempre.

Mardig vuela a Isla Catalina.

Mi padre llevaba mes y medio viviendo en la residencia cuando surgió la ocasión de que visitara Isla Catalina. Él soñaba siempre con viajar. Queríamos darle esta oportunidad antes de que quedara incapacitado para desplazarse. Y tal como luego vinieron las cosas, aquél sería su último viaje.

En marzo de 1997, nuestro buen amigo Lew estaba programando un viaje a Isla Catalina. Excelente fotógrafo, Lew quería visitar la isla para tomar unas fotos.

Lew se llevaba muy bien con mi padre. Mardig no podía explicar por qué sentía a Lew tan próximo, habiéndolo tratado sólo algunos meses. En cualquier caso, pensamos que sería una buena oportunidad para que los dos *compañeros* compartieran una aventura divertida.

David y yo habíamos ido a Isla Catalina un año antes y creíamos que Mardig disfrutaría del viaje, así que se lo propusimos a Lew quien, con sesenta años, aparentaba muchos menos por la energía juvenil con la que vivía la vida. Antes de que respondiera, lo tenté con otra propuesta. El viaje en barco llevaba una hora. Le ofrecí que si llevaba a Mardig con él, le pagaríamos el viaje en helicóptero, que sólo tardaba quince minutos. Él aceptó.

Todo lo que teníamos que hacer era coordinar la organización del viaje. Dispusimos todo para que los empleados de la residencia tuvieran listo a Mardig a las 5:00 de la mañana. Redactamos un permiso para que Lew se pudiera ocupar de mi padre y tomara las decisiones que fueran necesarias para su cuidado.

También le dimos a Lew los documentos de identidad de Mardig. David le dejó su teléfono móvil y yo la videocámara.

Quedamos en encontrarnos con Lew a las 4:30 en la residencia. Nos sorprendió ver que Mardig ya estaba vestido y listo para partir. Firmamos para registrar su salida y salimos. Una colorida gama de anaranjados, rosas y marrones anunciaban la salida del sol aquel día de marzo. Lew tomó algunas fotos, una de ellas con aquel horizonte magnífico de fondo. Les deseamos suerte en el viaje y nos abrazamos al despedirnos. David y yo nos quedamos viendo cómo Lew y Mardig se alejaban. Era como estar viendo a un hijo irse a su primera acampada. No sabíamos cómo le iría y nos sentíamos un poco nerviosos, pero esperábamos que todo saliera estupendamente. Se irían en coche hasta el puerto de Long Beach y allí tomarían el helicóptero. Sería la primera vez que mi padre volara en uno de esos aparatos.

Días después, Lew escribió un diario detallado de su viaje e hizo dos copias de las fotos que tomó de mi padre posando en el casino, en el Museo Wrigley y en los jardines, en medio de la flora del lugar y durante los paseos que hicieron en el barco de turismo. Lo hizo especialmente para nosotros pues nos regaló las fotos y un álbum, y también un estuche de alegre papel de carta con conchas e imágenes marinas. Todo ello representa un bello recuerdo del viaje de mi padre a Isla Catalina.

Dieciocho
¿Cuál es el significado de la vida?

No creo que este libro esté completo sin intentar dar respuesta a una pregunta. Una tarde, mientras estaba sentada en la sala de actividades de la residencia, con Mardig durmiendo una siesta en una silla a mi lado, observaba a los residentes y de vez en cuando miraba el programa de la televisión. Pensaba en cómo sería vivir en una residencia asistida para enfermos de Alzheimer. No podía dejar de preguntarme «¿cuál es el sentido de la vida?».

¿Será el ponerse la ropa de otra persona?

Los familiares de los residentes se acostumbran a gran variedad de cosas. Una de ellas es que los residentes terminan poniéndose la ropa de los demás. David y yo intentábamos pasar por alto las veces que veíamos a Mardig con ropa de otra persona, o a otros usando la suya. Tratábamos de fijarnos en asuntos más importantes relacionados con su cuidado. Por ejemplo, antes de que ingresara en la residencia, le organizamos una visita al oculista y le compramos un buen par de gafas —costaron 250 dólares— con montura de un material ligero que no apretaba demasiado su tabique nasal. Incluso compramos unos cordones de color carmesí para llevar colgando las gafas cuando no las estuviera usando.

Perdió ambas cosas. Se lo comentamos a la representante del servicio social y ella las encontró. Las volvió a perder. Las encontraron de nuevo. Y otra vez las volvió a perder. Esto se repitió durante dos o tres meses, hasta que terminaron de perderse por completo. Nos dijeron que Mardig dejaba sus gafas en las habitaciones de otros residentes y que se llevaba las que no eran suyas. Pronto nos enteramos de que le gustaban mucho las gafas de mujer con monturas grandes de colores. A lo largo de dos meses, cada vez que lo visitábamos lo encontrábamos con unas gafas distintas. No obstante, le solían quedar bastante bien.

David y yo llegamos a entender que no importaba el ponerte la ropa de otro, sino que estuviera limpia, que te cupiese, que fuera cómoda y que te sintieras feliz con ella.

¿Será ver el show de Oprah Winfrey[10]?

Una tarde que estaba sentada junto a mi padre en la sala de actividades, él se quedó dormido al poco rato de haberse sentado. Como soy una persona que cada minuto del día tiene algo que hacer, empecé a sentir ansiedad por no haber llevado mi trabajo a la residencia. Trataba de ver la tele pero mi mente no dejaba de pensar en todo lo que tenía que hacer. Y ahí estaba el show de Oprah Winfrey donde ella y su invitada, Tina Turner, convertirían los sueños de la gente en realidad. Admiro a esas dos mujeres, así que estuve mirando el programa un rato mientras intentaba calmarme. En ese momento se me ocurrió que debía irme. *¡Pero no podía escabullirme y dejar a mi padre así!* (Esto sucedía antes de que me diera cuenta de que nunca habría adioses). Si estaba tan cansado

---

[10] Uno de los programas televisivos más famosos de EE. UU. (n. del t.).

como para dormirse en la silla, ciertamente necesitaba descansar. Así que esperé a que se despertara.

Me quedé allí, sentada, mirando a los demás residentes. Una mujer en silla de ruedas lloraba y aporreaba su bandeja. Su rostro expresaba desesperación y un gran dolor. Aquello trajo a mi mente la imagen de una madre clamando agónicamente ante la pérdida de un marido o un hijo durante la guerra. Hubiera querido acercarme a aquella mujer y consolarla, pero no podía. *¿Qué pasaría si ella requería de mi atención durante mucho tiempo y Mardig se despertaba? ¿Tendría que dejarla para volver con él?*

Seguí pasando la mirada por la sala. Sentado y con la mirada perdida, estaba un hombre anciano y corpulento, con una gorra de béisbol en la cabeza. Le había visto varias veces andando por el corredor próximo a la habitación de Mardig. Cuando pasaba junto a él, me ponía en guardia, no sabía cómo podría reaccionar. Solía andar con la boca entreabierta y con la saliva cayéndole en su jersey. Tenía ojos profundos y una intensa mirada. Yo temía que un día se abalanzara sobre mí y empezara a gritar. También estaba Elizabeth. Pasaba con cuidado las hojas de una revista. La veía moviendo la cabeza, a medida que leía cada página de arriba abajo, antes de pasar a la siguiente. Emanaba una sensación de paz.

Elizabeth y Jonathan, su marido, habían pasado gran parte de sus vidas ayudando a los demás. Tienen poco más de ochenta años. A Elizabeth le diagnosticaron Alzheimer hace pocos años. Me apenaba verla así. Había sido escritora y profesora. Durante años fue considerada una fuente conocimientos y sabiduría.

No hacía mucho que los conocía, desde que Jonathan, que asistía al mismo grupo de apoyo que yo, me dio a leer el libro que ella había escrito. Leí gran parte de *Los átomos vivos y tú*, y luego tuve un encuentro con Jonathan para hacerle algunas preguntas. Elizabeth había escrito sobre el importante papel de los átomos en nuestra vida cotidiana: física, espiritual, mental y emocional.

¿Por qué? ¿Por qué estaba destinada Elizabeth a pasar el resto de sus días con Alzheimer en esta residencia? ¿Por qué aquella mujer estaba aporreando su bandeja? ¿Por qué aquel hombre acabó sus días deambulando y con Alzheimer? ¿Por qué tenía que pasar mi padre por esta enfermedad?

Estaba profundamente conmovida por los residentes a los que observaba. En la tele, vi que Oprah le daba a una mujer 58.000 dólares para que pagara sus deudas. Durante un instante, vi como el sueño de una persona se convertía en realidad. Llevaba la mirada del programa de Oprah a los residentes. En un momento dado, me di cuenta de que los residentes no prestaban atención a la tele. No importaba que Oprah convirtiera en realidad el sueño de aquella mujer. No importaban los cortes comerciales. A estas personas no les importaba si tenían dinero o no, si tenían un café más aromático o no, si tenían un coche o no. Nada de esto importaba.

¿Qué era lo que les interesaba a ellos? No puedo imaginarlo. Ni Oprah, ni Tina Turner, ni la mujer que celebraba emocionada su sueño convertido en realidad... Nada de eso le importaba a la gente que estaba en aquella sala de la residencia.

Entonces, ¿qué es lo que importa, cuál es el significado de la vida?

Sentada en la sala de actividades de la residencia aquella tarde, me sentí profundamente emocionada. La mayoría de nosotros, comparativamente sanos, estamos motivados por nuestras necesidades, metas, deseos, aspiraciones. Necesitamos triunfar en la vida. ¿Qué quiere decir esto? Si juzgáramos lo que significa triunfar por lo que vemos en la televisión, diríamos que es tener un montón de dinero. ¿Acaso no necesitamos dinero para comprar un coche nuevo cada dos años? ¿Acaso no lo necesitamos para comer en los mejores restaurantes? ¿No lo necesitamos para comprar joyas de oro con brillantes auténticos? (Después de todo, ¿acaso no se mide el amor de un hombre por el porcentaje que gasta de su salario anual en un brillante?). *¿Importan realmente estas cosas?*

Supongo que depende del punto de vista de cada persona.

Con el paso de los años, especialmente después del terremoto de Northridge, me he ido deshaciendo de las cosas innecesarias en mi vida. Dado que vivo en California, he adoptado una perspectiva catastrofista de la vida. *¿Qué pasaría si hubiera un gran terremoto? ¿Cuáles serían las cosas más esenciales que llevaría conmigo?* Esto me lleva a guardar sólo lo que es estrictamente necesario (y unos pocos extras). Cualquier otra cosa me podría hacer dudar en un momento crítico y hacerme perder las cosas que más valoro (si es que puedo salvarlas). En consecuencia, no colecciono cachivaches (lleva demasiado tiempo mantenerlos limpios, cuidados, etc.). La ropa que no uso la regalo. No acepto ni tomo cosas que no voy a usar.

Los enfermos de Alzheimer de la residencia me ayudaron a tener una perspectiva de lo que *realmente* puede ser la vida. *Sólo tengo treinta y ocho años. Hay muchas cosas que aún no he vivido. Hace dos años, no tenía ni idea de todo lo que aprendería a través de una enfermedad.*

Lo que veo es que los residentes no poseen muchas cosas. A decir verdad, he oído comentarios jocosos de sus familiares que dicen que «Todo lo que entra a la residencia es compartido por todos», «Aquí el socialismo está vivo y activo». Rara vez se ve a alguien con joyas. La mayoría no tiene ni cartera ni bolso, y no llevan dinero encima. Casi todos usan jerseys y pantalones de algodón y poliéster, pues son muy cómodos y sirven para múltiples propósitos (tanto para andar como para dormir). Se bañan de vez en cuando. Duermen en camas sencillas, con sábanas blancas de algodón y poliéster y con mantas de algodón. Toman tres comidas al día que están pensadas para cubrir sus necesidades alimenticias.

Algunas veces se quejan porque desean ir a algún lado o porque necesitan algo. Pero en general, se les ve tranquilos, ocupados con sus propios pensamientos y con las palabras que crean para sí mismos. Son como los niños que se entretienen muchas horas con su propia imaginación. Su enfermedad les ayuda a creer que viajan a lugares diversos. En los últimos meses, mi padre ha estado en Inglaterra, en África, en Wisconsin, en Illinois, en Boston y en Nueva York. Muchos conducen sus coches a diario. Mardig cogió el suyo para ir a visitar a Mamá. Algunos toman el autobús. Todos van a ver a sus familias en un momento u otro, en especial a sus padres. Así es como sobreviven. Y ellos me han hecho pensar en lo que realmente es importante en la vida: los recuerdos de los buenos tiempos pasados con los demás.

La vida es el proceso de crear recuerdos especiales con los demás. Éstos son los verdaderos tesoros de la vida cuando ya no tenemos nada más.

Comprender esto me hace sonreír. Después de todo, nunca sabemos si hemos tenido una buena vida hasta que estamos para morir. Y para entonces ya es tarde. Por eso, intento observar las decisiones de los otros y cómo éstas afectan sus vidas. Es más fácil mirar la vida de los demás para entender mejor la nuestra. Por ello me gusta ver la serie *Biografías*[11]. Me pregunto qué es lo que ha herido a estos residentes (como a la mujer que aporreaba su bandeja), qué les trae a la memoria cálidos recuerdos, qué les da paz

---

[11] Una serie de biografías. (n. del t.).

(como a Elizabeth). ¿Es siquiera razonable hacerme estas preguntas? ¿Por qué algunos residentes reciben visitas y otros no?

Comparo estos pensamientos con las imágenes que hoy vemos en los anuncios publicitarios. ¿Para qué sirve todo eso? Al final, ¿qué importancia tendrá que conduzca un coche descapotable por la costa de California? ¿Qué importará que cene en un restaurante de cinco estrellas en Washington D.C.? ¿Qué importancia puede tener que cada año reciba invitaciones del gobernador para una barbacoa previa al Derby de Kentucky? ¿Qué importará que haya obtenido un mil por ciento de ganancias anuales por mis acciones y bonos de inversión? ¿Qué va a importar que haya conseguido entradas para ver *El Fantasma de la Ópera* en la primera fila?

¿Importará alguna de estas cosas cuando esté aporreando mi muñeca contra la bandeja que llevo adosada en mi silla de ruedas, cuando esté hojeando las páginas de una vieja revista, o babeándome el jersey, o cuando me duerma en una silla delante de la televisión, en medio de la sala de actividades de una residencia de Alzheimer?

Diecinueve
Las pequeñas cosas son las más importantes

Cuando estoy con mi padre, me concentro en el presente. Me recuerdo a mí misma que tengo que aceptarlo tal como *es*, no tal como era o como debería ser. A medida que la enfermedad avanza y se va apoderando de su cerebro, las cosas se hacen más difíciles. Me resulta muy duro verlo luchar para mantener la conciencia sobre lo que le rodea. Cada vez me resulta más difícil, emocionalmente, oír sus intentos desesperados por entender su propio mundo, a medida que su vocabulario se escapa paulatinamente de él, y mientras se esfuerza por encontrar palabras para expresarse. Lo veo intentando recordar a los miembros de su familia: hijos, esposa, hermanos, etc. Lentamente, su mundo se empieza a hundir, dejándole sólo las pequeñas cosas, los recuerdos de incidentes *banales* ocurridos en los años que se fueron.

En las horas que paso con Mardig, he aprendido que las pequeñas cosas son las que más importan, no las grandes. Cuando miro atrás en mi vida, son las pequeñas cosas las que recuerdo más vívidamente. Cuando reúno todas esas pequeñas cosas, me invade una sensación muy agradable, y me quedo sentada en mi silla, y suspiro y sonrío.

Mardig cumple ochenta y siete años.

David y yo queríamos traer a Mardig a casa para celebrar su cumpleaños, pero no resultaba práctico. Él considera que la residencia donde vive es su hogar y se siente incómodo cuando sale de su espacio seguro. A nosotros nos cuesta entenderlo, pues pensamos que un cambio de lugar sería agradable. *Después de todo, ¿por qué tendría que disgustarle salir fuera un rato?*

Organizamos todo para llevarle la fiesta a la residencia. Compramos una tarta escarchada de cremosa mantequilla. De los dulces, los mejores. ¡Él adora los dulces! Pedimos que la decoraran con confetti, cintas, y que tuviera escrito su nombre «¡Felices ochenta y siete!». En estos días, no recuerda cuántos años tiene: por lo general, cree que tiene treintaitantos o cincuentaitantos. Compramos silbatos y un cuchillo para la tarta (un cuchillo largo de sierra, especial para tartas), cubiertos de plástico y platos de cartón.

Invitamos a las personas que nos ayudaron a cuidarlo mientras vivía con nosotros: Sally, Jan, Dave y Roberta. También invitamos a Jonathan y a su esposa Elizabeth, y al personal de la residencia. Queríamos una pequeña multitud para celebrar el triunfo de Mardig: llegar a los ochenta y siete años es un verdadero logro en esta travesía a la que llamamos vida.

El día de su cumpleaños (¡que es también el mío!) tuvimos una pequeña fiesta, tal como lo habíamos deseado. Mardig estaba feliz y hasta algo alarmado por todo el jaleo que habíamos armado por él. Todavía no sabemos si se daba cuenta de que era su cumpleaños. Y, en un momento dado..., cogió el largo cuchillo de sierra para cortar la tarta...

Cortó un pedazo de una de las esquinas de la tarta, un trozo grande y bañado de escarcha. Con cuidado, empezó a balancear la dulce porción sobre el cuchillo. Lo mirábamos atentos, queriendo quitarle el cuchillo de las manos, pero no lo hicimos, pues temíamos asustarlo. *Definitivamente, tenía que tener confianza en mi padre. Se estaba esforzando por hacerlo bien.* Pero, él tenía Alzheimer. Balanceando con gran cuidado la tarta sobre el cuchillo, la fue girando lentamente hasta su boca. Lo miramos, totalmente atónitos. Hasta que alguien suspiró. Era el director de actividades. Mardig miró hacia arriba y se sacó el cuchillo de la boca. Estaba ileso. Nos empezamos a reír y rápidamente le pasamos un tenedor de plástico. Luego cantamos el *Cumpleaños feliz* mientras él seguía comiendo su tarta. Lucía una gran sonrisa, con la escarcha dulce por los labios. Lo estaba pasando bien, y nosotros también.

¡Vaya cumpleaños! Aunque también era el mío, Mardig se hizo con el show con el incidente del cuchillo.

Mi madre plancha.

Recuerdo que mi madre, cada semana, dedicaba bastante tiempo a planchar. La recuerdo planchando en la habitación de costura de la segunda planta de casa. Recuerdo que algunos días cálidos del verano, bajaba a planchar al salón o al comedor. Cuando el clima era especialmente bueno —con una brisa suave y fresca—, se iba a planchar afuera. Planchaba cerca de las ventanas del salón o del comedor. Al principio, me parecía gracioso verla planchar allí fuera. *¡Se supone que la gente no plancha fuera de la casa!* Yo me quedaba dentro; me avergonzaba que los vecinos me vieran. Poco a poco, me fui acostumbrando a ello e incluso me ofrecía a ayudarla a sacar la ropa y la plancha afuera.

La recuerdo planchando la ropa de trabajo de mi padre: los pantalones, las camisas (tanto las de vestir como las de trabajo), los pañuelos y hasta sus *boxers*. Yo me quedaba de pie junto a ella en el salón y miraba. A veces intentaba ayudar, pero generalmente no me dejaba. Colocaba la ropa planchada en el suelo y yo jugaba con los pantalones y camisas tan bien arreglados. Doblaba las perneras de los pantalones de mi padre de los modos más diversos y graciosos, imaginando cómo quedarían luego. Hacía lo mismo con las mangas de sus camisas. Ella me echaba, pero yo volvía.

Solía preguntarme: «¿Tendré que planchar tanto cuando sea mayor? ¡Ocupa demasiado tiempo! ¡No se acaba nunca! ¡No pienso hacerlo cuando sea grande! Pero, ¿quién lo hará? Quizás contrate a alguien para que lo haga por mí».

Cuando mis padres alquilaban nuestras habitaciones a otras personas, antes de que mi hermana y yo naciéramos, mi madre se encargaba del planchado y la limpieza. Planchaba las sábanas de lino y las fundas de las almohadas.

Así pues, planché. Decidí planchar las pocas cosas suyas que me traje de recuerdo de Milwaukee. Sus bordados («*tsera khordz*», como diría ella en armenio, lo que literalmente significa trabajos manuales) estaban estirados sobre la mesa de planchar, mientras yo pensaba en el modo más cuidadoso de planchar aquellos tesoros sin estropearlos. Me quedé en nuestra habitación de huéspedes y planché: pañuelos, fundas de almohadas, manteles, etc. Todo aquello conformaba su *tsera khordz*. Seguí planchando. Mi débil muñeca ya me empezaba a doler.

Hace treinta años que no recordaba a mamá planchando y ahora revivía ese pasado. Hasta me convertí en ella por un momento, y vi a la «pequeña Brenda» a mi lado (*a su lado*). Mientras planchaba tranquilamente me vi como una niña deseosa de ayudar. Con mucho cuidado fui pasando la plancha por las prendas, cuidando de presionar lo suficiente como para no dejar ninguna arruga, pero no tanto como para estropear los bordados. *¡Vaya, cuánto trabajo! Trabajo intensivo.*

Ahí estaba yo, con mi vestidito arrugado, con calcetines de elástico bordados y mis zapatos de charol negros. Quería ayudar a mi madre a terminar de planchar.

Y aquí esta la adulta que no quiere pasar el fin de semana planchando (David y yo llevamos nuestra ropa a la lavandería). Sin embargo, siento la necesidad de planchar estas cosas. Sentía que haciéndolo honraba a mi madre. Ahora me he dado cuenta de la magnitud de sus responsabilidades. Ella decía: «Ya verás cuando tengas hijos, entonces entenderás». Bien, David y yo hace tiempo que pasamos los treinta años y todavía no hemos formado una familia. *Pero en este momento, creo que empiezo a entender. Por lo menos un poco.*

En homenaje y en recuerdo de mi madre, mis fuerzas se renovaron. De pie, seguí planchando. Planché todas las piezas de su *tsera khordz*, las envolví cuidadosamente en papel de seda y las guardé en unas cajas de regalo. Las sacaría de vez en cuando para ponerlas sobre mis muebles. Las *usaré*. Mamá las había guardado. Cada vez que las mire o que oiga los comentarios de mis invitados sobre ellas, agradeceré el esfuerzo de mi madre. Así, sus labores serán admiradas y ella será recordada.

Rivalidad entre hermanos.

Somos tres hermanos. Mi hermano es ocho años mayor que yo. Mi hermana es la mediana y me lleva dos años. Cuanto más pienso en nuestra crianza, más me doy cuenta de que nos educaron para ser competitivos.

Si algo fomentó una competitividad sana, eran los juegos de damas con mi padre. Claro que, de vez en cuando, Mamá sacaba ventaja injusta cuando se sentaba cerca de Mardig y sacaba del tablero alguna pieza. Esto no era difícil, ya que él enfocaba toda su atención en cada jugada y parecía perder la visión periférica. Por lo general, nosotros, que éramos niños, nos reíamos, pues nos parecía increíble que Mardig estuviera tan concentrado. Esto provocaba su confusión y nuestra confesión de la trampa. Al ser pillada, Mamá se ponía a mirar en otra dirección, fingiendo total inocencia. *¿Yo?*

Nuestra talla era otro terreno de competición. Mi hermano era el más alto, luego mi hermana, y finalmente, ¡la pequeña, es decir yo! En esto no he ganado a hermanos. ¡Pero he crecido hasta ser más alta que mi padre! Esto sí que es una victoria.

Ahí estaba yo, preguntándome en qué podría ganar, pues mis hermanos mayores era mejores que yo en todo (y siempre se aseguraban de recordármelo).

Al recordarlo, me asombra ver los caminos tan diferentes que siguen los niños al convertirse en adultos. Cuando comentamos, mis amigos y yo, hasta qué punto ha afectado nuestra crianza nuestra manera de ser, me doy cuenta de que podría ser bien distinta de lo que soy. Simplemente podría haberme dado por vencida. O, podría haber buscado situaciones sumamente competitivas en las que lo único que importa es ganar.

Mas, ¿qué podía hacer para ganar? ¿En qué era yo mejor que mis hermanos? Al ser mayores y haber salido siempre en cabeza, ¿qué me quedaba?

El momento llegó al acabar la escuela a los dieciséis años. Estaba en el segundo año de la universidad y ya no quería vivir con mis padres. Yo era la rebelde, la que siempre intentaba hacer cosas nuevas, la que con frecuencia contrariaba los deseos de sus padres. Yo era la independiente, la sabelotodo de dieciocho años. Necesitaba desplegar mis alas. Unos meses antes de cumplir los dieciocho, me fui de casa. ¡Era la primera en hacerlo! Mi hermana se fue poco después, con veinte. Mi hermano se quedó en casa hasta poco antes de que la vendiéramos. *Él había perdido. Se quedó allí hasta los cuarenta y cinco. ¡Le gané! ¡Ésa es la victoria que tenía reservada!*

Creo que también gané en otros terrenos. A diferencia de mis hermanos, sin el apoyo económico de mis padres conseguí terminar la carrera y seguí adelante para obtener un postgrado. Era difícil. Tener dinero me hubiera sido de gran ayuda, pero aprendí mucho sobre cómo sobrevivir y cómo triunfar, a pesar de todos los obstáculos y tentaciones que tuve que superar en el camino. Después de todo, ya no me importaba *ganar*. Me demostré a mí misma que podía fijarme objetivos y conseguirlos. No tenía que compararme con mis hermanos. Lo importante eran las metas que conseguí para mí misma.

Veinte

Sin duda, un regalo infrecuente

Una tarde de otoño, las ráfagas del viento eran tan fuertes que me costaba mucho mantener el coche en el carril de la autopista. Acababa de recibir comentarios alentadores de otras autoras en el almuerzo mensual de la Red de Escritoras del Condado de Los Ángeles Norte. Mientras mi coche luchaba contra las fuerzas del viento, mis pensamientos estaban fijos en este libro.

Iba a visitar a Mardig. En el asiento de al lado llevaba unas cuantas páginas de este libro. Las escogí pensando que serían del interés de mi padre. Estaba impaciente por sentarme a su lado y verle leer lo que era mi tributo a él.

Un regalo infrecuente, sin duda. Mientras termino de escribir este libro, mi padre aún está vivo. Quería que leyera al menos una parte de él, aunque su capacidad de concentración ya no es lo que era. Ya no logra entender todo lo que lee. Lo que, leyendo, aún comprende se convierte a menudo en su realidad. Meses atrás, había vuelto a leer un artículo sobre cazadores furtivos en África en un número atrasado del *National Geographic*. Se pasó el resto del día creyendo que vivía en África intentando detener a los furtivos. Algunas veces nos invitaba a que lo acompañáramos a cumplir estas misiones. En otra ocasión, tenía que partir de inmediato a Inglaterra, su patria imaginaria, para combatir en la guerra (en la

Segunda guerra mundial). Consciente de ello, estaba preparada para aceptar cualquier cosa que hiciera al leer esas páginas, ignorarlas, o lo que fuera.

Muchas veces, cuando logramos algo en la vida, pensamos en nuestros padres y en lo que dirían al respecto. Algunos afortunados aún pueden llamar a sus padres, visitarlos, o invitarlos a que los visiten. Aún pueden compartir sus éxitos con ellos. Los padres de otros ya no viven, o están en tan malas condiciones de salud que ya no pueden compartir la alegría por los logros de sus hijos. Tal vez la necesidad de que nuestros padres nos elogien nos acompaña hasta bien avanzada nuestra vida adulta. ¿No seguimos anhelando una cálida sonrisa, un elogio, una palmada en la espalda o un abrazo, eso que sólo los padres y las madres pueden dar?

Encontré a Mardig andando por el pasillo. Levantó los ojos hacia mí, me miró intensamente y luego esbozó una gran sonrisa cuando lo saludé con un cariñoso «¡Hola Mardig!». Empezó a hablar de algunas cosas, pero yo no lograba entender lo que decía. Parece que el Alzheimer ha avanzado mucho en él. Aún así, siempre lo escucho, con una cálida sonrisa y un montón de afirmaciones con mi cabeza y con mi voz diciéndole «Sí». Parafraseo algunas cosas que dice, aunque no les encuentre sentido. Esto le hace sentir bien, creyendo que sigue pudiendo comunicar sus ideas.

Caminamos por los pasillos y charlamos durante un rato. Le dije que tenía una sorpresa para él. Sonrío, como cualquier persona a la que le anuncian que le darán una sorpresa. Buscamos un sitio para sentarnos. Una sala de estar amplia nos proporcionó el lugar tranquilo y agradable para acomodarnos. Nos sentamos, uno al lado del otro, junto a una mesa; Mardig a mi derecha.

Tomé la página con la portada del libro y se la pasé. Empezó a leer. Creí que relacionaría lo de *un tributo a mi padre* con el nombre de la autora, su hija. No dijo ni una palabra. Sin embargo, sabía que si lograba entender lo que estaba leyendo, se sentiría orgulloso, muy orgulloso. Se sentiría feliz porque «uno de los suyos», como solía decir, «hubiera hecho de sí *mismo*».

Extendió la mano pidiendo la página siguiente. Le pasé la introducción. Mientras la leía, entraron unos residentes.

Se acercaron donde estábamos y una mujer se sentó a mi izquierda. La miré y le sonreí, ella me devolvió otra sonrisa. En su mano izquierda sostenía un conejito de peluche blanco y con la derecha le acariciaba tiernamente la cabeza. Me acordé de mi hermana y de sus dos conejos.

Mardig siguió leyendo. Al cabo de un rato, le pregunté: «Bien, ¿qué opinas?».

«Bonita historia», respondió. Y reanudó su lectura.

Tras unos minutos, me pareció que estaba leyendo y releyendo las últimas líneas de la página introductoria.

Le dije si tenía alguna pregunta que hacer.

Me sorprendió con su respuesta: «Estoy impresionado con la cantidad de dinero que *él* llegó a amasar y porque se trasladase de su casa a la de un familiar».

¡El libro contaba su historia y él seguía pensando que estaba leyendo la de otro! Había leído lo de los 100.000 dólares que acumuló a partir de sus acciones y lo de su traslado de su casa de Milwaukee a la nuestra.

Justo en ese momento otro residente se nos acercó y se quedó de pie, a escasos centímetros de mi padre. Mardig me miró y sugirió que guardáramos los papeles y que los leyéramos después. Me habló en armenio.

Era difícil acostumbrarse a la falta de privacidad en la residencia. Pero no tenía otra opción, porque esto sucedía con frecuencia. ¿Cómo le pides a alguien con Alzheimer que se vaya a otro lado? Todos los residentes precisan la aprobación y la amabilidad de los demás. He aprendido que, aunque miren por encima de nuestros hombros, no saben realmente lo que están viendo. A veces, las enfermeras y auxiliares se dan cuenta de estas situaciones y se los llevan amablemente, para darnos un poco de privacidad a mi padre y a mí.

Le pedí a Mardig que siguiera leyendo, tras hacerle notar que el hombre que estaba a su lado acababa de marcharse. Le pasé la primera página del capítulo: «Las pequeñas cosas son las más importantes». Señalándole el apartado en el que describía la celebración de su cumpleaños, le dije: «Mardig, esto trata de la fiesta de tu ochenta y siete cumpleaños, ¡la que celebramos *aquí*!». Él empezó a leer.

Pensé entonces que éste era, *sin duda, un regalo infrecuente*. Aquí estoy, escribiendo un tributo para él, ¡y él lo está leyendo! ¿Por qué no incluir sus comentarios? Tomé las páginas que ya había leído y, en el dorso, que estaba en blanco, empecé a escribir algunas notas, antes de que se me olvidaran los detalles. Anoté la manera en la que caminaba por los pasillos y hablaba, cuál había sido su reacción inicial al leer la introducción del libro y otros comentarios.

Cuando hablaba sobre lo que estaba leyendo, usaba la tercera persona; «él». Pasados unos minutos, le pregunté si sabía de quién había sido ese cumpleaños número ochenta y siete. Respondió: «El de nosotros dos, supongo». En silencio, continuó leyendo un buen rato más y luego habló en tercera persona de «él» y «a él».

Le aclaré su respuesta: «Mardig, se trata de ti». No sé si estuvo de acuerdo.

Siguió leyendo el apartado sobre mi madre y el planchado. De nuevo, le pregunté acerca de qué persona estaba leyendo. «Papá», respondió, «puesto que está abajo. Mamá habría estado arriba», añadió. *¿Estaría recordando a la gente a partir del lugar por el que andaban en la casa?*

«¿Te acuerdas de esto?», le pregunté, pensando si recordaría a mi madre planchando.

«Sí, jugando con la ropa de papá, poniéndola en posturas». *¡Era como si él fuese yo!* Luego preguntó: «¿Qué están haciendo ahora?».

Siguió leyendo y de vez en cuando se detenía para hacer comentarios. Yo lo miraba casi todo el tiempo. A veces desviaba mi atención hacia la sala en que nos hallábamos. Había una mujer sentada en una *gerisilla*; una especie de silla de ruedas que sujeta a los residentes que están muy nerviosos para evitar que se hagan daño. La auxiliar que empujaba su silla la trajo cerca de nosotros, al lado derecho. Tenía el pelo corto, blanco y rizado. Vi que llevaba puesta una camiseta que tenía una inscripción graciosa. Llevaba una manta de color rosa sobre el regazo. Con cuidado la doblaba y la volvía a desplegar, asegurándose de que las esquinas cuadraran. Mientras la miraba, repitió la operación media docena de veces. Estaba completamente inmersa en su labor, sin apercibirse en ningún momento de que la miraba mientras mi padre leía.

Mardig habló y mi atención se dirigió nuevamente hacia él: «... situaciones inconexas destellan cálidos recuerdos». Eso es todo lo que oí. Luego, pasando el índice derecho por cada palabra, empezó a leer en voz alta: «Mi madre planchando... Recuerdo que mi madre pasaba mucho tiempo a la semana planchando. La recuerdo planchando en el dormitorio principal de la segunda planta de casa. Recuerdo algunos días cálidos del verano en que bajaba a planchar al salón o al comedor». Y siguió leyendo en silencio.

Tras haber leído un rato, llegó a la parte del juego de damas en la que mi madre le robaba fichas. Le pregunté si sabía de quién se trataba. «Voy a dar con ello», respondió, y luego añadió: «Vaya».

«¿*Estás* aquí?», le pregunté, enfatizando en el *estás*.

«No».

«Pero tú recuerdas estas...».

«... situaciones. Sí», completó mi frase.

Dejó de leer, miro hacia afuera y luego se volvió hacia mí. «Cosas fuera de casa..., ¿las estarán cuidando?». *¡Vaya! Se daba cuenta del fuerte viento.*

«Sí», le respondí. Me miró a los ojos para asegurarse de que era cierto. Siempre le preocupó que las cosas estuvieran bien cuidadas.

Tomó otra página y señaló un párrafo. Miré cuál era. Era el apartado sobre la rivalidad entre hermanos, la parte en la que contaba cómo nuestra estatura era un tema de competición. Le pregunté si recordaba de quién se trataba. «De Papá, porque él era el que ganaba dinero», respondió.

Luego leyó un breve párrafo en voz alta: «Al recordarlo, me asombra ver los caminos tan diferentes que siguen los niños al convertirse en adultos...». Cuando terminó, le dije: «Se refiere a tus hijos, Mardig». No hubo respuesta.

Al final, se enganchó a la lectura. Leyó toda la parte del manuscrito que le llevé, siete páginas en total.

Si buscaba un reconocimiento o un elogio, no lo obtendría en el sentido tradicional. Pero si yo, su hija, quería la extraña y buena fortuna de ver leer a mi padre el tributo que había escrito para él antes de su muerte, ¡LO HABÍA CONSEGUIDO!

Le repetí: «Mardig, éste es un libro que estoy escribiendo sobre *ti*».

«Será interesante en los años que vengan», dijo.

Veintiuno
¿Y si él se da cuenta?

No puedo evitarlo. La idea me ronda por la cabeza: «¿Y si él se da cuenta? ¿Qué pasa si mi padre es consciente de lo que realmente le está ocurriendo?».

Otros se han hecho esta misma pregunta. Durante una reunión de mi grupo de apoyo, una cuidadora preguntaba: «¿Qué pasaría si vendo la casa de mi madre y después ella recupera la conciencia y desea volver allí?». Nos reímos, porque todos los demás nos habíamos hecho esa pregunta alguna vez. El sentido común diría otra cosa, pero sigue siendo una preocupación.

A David y a mí nos costó mucho trabajo poner la casa de Mardig, adquirida en 1952, en condiciones de ser vendida. Mis hermanos y yo nos habíamos quedado algunas cosas de valor sentimental y habíamos vendido o donado el resto, depositando las ganancias en su cuenta.

Qué pasaría si un día estamos sentados, conversando, y Mardig se levanta y exclama en términos muy claros: «Ya he acabado aquí. Quiero irme a casa ahora».

Ehhh, ehhh, no sé exactamente cómo decírtelo, pero nueve meses después de tu traslado a California, vendimos tu casa de Milwaukee.

«¿Que hicisteis *qué*?». Lo imaginamos preguntando esto, sólo que él sería más diplomático: «¿Por qué tendríais que haber vendido *mi* casa?».

Y nos quedaríamos callados, sintiendo una terrible vergüenza por lo que habíamos hecho.

Meses atrás, él se daba cuenta de todo. Recién llegado a California con nosotros, se daba cuenta de que estaba perdiendo la memoria. «Ya no recuerdo el inglés como antes», decía. Entonces le pedía que hablara en armenio. Se reía entre dientes y añadía: «Me estoy olvidando. Las palabras ya no vienen tan fácilmente».

Pero ahora, ¿qué pasaría si verdaderamente se da cuenta de las cosas? ¿Qué pasaría si todo fuera una simulación? ¿Y si hubiera estado analizando nuestra reacción?

Sí, sé que esto parece descabellado, pero no puedo dejar de pensarlo.

Veintidós
Atesorar los pequeños momentos

Eran las 5:50 de la tarde. David y yo fuimos a visitar a Mardig a la residencia aprovechando la hora de su cena. Pasamos al recinto de la entrada y el recepcionista nos saludó con un cálido «Hola». Pedimos permiso para entrar en la sección de seguridad donde vivían los residentes. Oímos el sonoro chasquido que hoy nos resulta tan familiar y que electrónicamente abre el cerrojo de la puerta para dejarnos entrar. Nos quedamos un rato al lado de la puerta dando un vistazo. De allí salen tres pasillos en distintas direcciones; uno estaba justo frente a nosotros, otro a nuestra izquierda y el otro a nuestra derecha. Decidimos tomar el primero cuando la auxiliar que habla armenio y pasa tiempo con mi padre nos dijo que Mardig estaba terminando de cenar en el comedor. Nos animó a reunirnos con él.

Impacientes ante la nueva experiencia, fuimos hacia el comedor. Normalmente se evita que los familiares de los residentes los acompañen durante las horas de las comidas porque, como nos habían explicado, los residentes se distraen al ver caras nuevas y se levantan de la mesa sin haber terminado de comer.

Dudamos un momento en la puerta del comedor, echando un vistazo y buscando con la mirada a Mardig. Una de las coordinadoras de actividades, cuya sonrisa y cuidados mi padre aprecia mucho, se acercó y preguntó: «¿Estáis buscando a Martin?».

«Sí», le contestamos, agradecidos por su atención.

«Pasad», dijo, haciendo un gesto muy simpático para invitarnos a entrar. «Venid conmigo. Está allí atrás, cenando», nos explicó.

La seguimos a través de una fila de mesas hasta llegar al fondo, el lugar donde Mardig se suele sentar, porque es uno de los últimos en aparecer para comer. Los primeros en llegar se sientan en las mesas más próximas a la entrada.

«¡Martiiin!», voceó, poniendo énfasis en el «iii». «Tu hija ha venido a verte».

Le dimos las gracias. Ella sonrió y se fue a atender a otro residente. Mardig llegó hasta donde David y yo estábamos. Sus ojos estaban muy abiertos.

«¡Cuánto me alegra veros!», dijo, juntando sus manos. «¡Cuánto me alegra que hayáis venido!». Ante tan entusiasta recibimiento, decidimos sentarnos. Yo me senté junto a él y David a mi lado.

«¿A qué habéis venido?», preguntó.

«¡A verte!», le respondimos, con una gran sonrisa.

«¿A mí?», dijo, asombrado de que aquella fuera la razón de nuestra visita.

«Sí, ¡a ti!» exclamé, acariciando su hombro.

«¡Estupendo!», dijo, y volvió a comer.

Come su comida y se preocupa de sus asuntos. Esto está bien. Por lo menos está comiendo. David y yo le contamos un poco cómo nos había ido el día. Un residente, sentado frente a Mardig, llama nuestra atención.

«¿Sabéis dónde han aparcado mi coche?».

«Mmm», titubeo, sin saber qué responder. *Muy rara vez podemos adivinar lo que una persona está pensando.*

Añade: «¿Lo aparcaron entre La Salle y Michigan?».

«¿La Salle y Michigan, en Chicago?», preguntó intentando aparentar que lo entiendo.

Sus ojos se iluminan un instante e inclina la cabeza en señal afirmativa.

«Sí», digo, «lo aparcaron justo donde les dijiste que lo hicieran».

«Bien», dice, «entonces iré a recogerlo».

Miro a David y pregunto: «¿Qué quiere decir esto? ¿Es que todo el mundo es de Chicago?».

Mi padre vivió en Chicago antes de mudarse a Milwaukee. Incluso estando en la residencia hablaba de lugares que recordaba en Chicago. Uno de sus compañeros de habitación también era de allí, y solía contarme historias sobre cómo a Mardig (su hermano imaginario) y a él les gustaba jugar a la pelota cuando eran niños. Añadía que solían llamar a Mardig *El Chico*. Aunque no era cierto, yo quería creer que ellos se conocían. Era bonito ver que él creía que compartían algo en común. El Alzheimer deja las mentes de estas personas tan desorientadas, que cualquier pizca de familiaridad, real o imaginada, les consuela.

Seguimos viendo a Mardig comer tranquilamente. Cogió el pan blanco de su bandeja. Su mano izquierda temblaba un poco mientras se acercaba el sándwich. Con sumo cuidado metió su índice derecho entre las rebanadas para ver qué contenían, sacó el dedo y luego tomó un gran bocado de aquel pan untado con mantequilla cremosa.

Seguí observando el modo de sentarse de mi padre aquí, inclinado, extendiendo la mano para después, temblorosamente, acercar con mucho cuidado la comida a su boca. Sentados a su lado, lo mirábamos, hablando en ocasiones, pero sobre todo mirándolo.

«¿No te parece que está guapo?», le pregunté a David, tras mirar a mi padre durante un largo minuto.

«Supongo que sí», me contestó.

No solía referirme a mi padre como un hombre guapo. Sin embargo, había algo muy atractivo en él. Tenía un leve aire de desvalimiento. Después de todo, ¿qué sería de su vida si no hubiera alguien que le preparara las comidas? Ya no podía subsistir por sí mismo. Sentada allí, me sentía agradecida porque le estuvieran dando comidas equilibradas y porque él aún fuera capaz de comérselas. Algún día necesitará ayuda para hacerlo, pues ya no sabrá comer. Esto le sucede a la mayoría de las personas con Alzheimer. Es sólo cuestión de tiempo.

Ahí estaba él, inclinado, con la boca alcanzando apenas la comida servida en su bandeja. Tenía que levantar el codo casi hasta la altura de su hombro para alcanzar la bandeja donde estaba su comida. Con las manos temblorosas, con la cuchara o el tenedor llegaba hasta lo que quería comer. Lo que más le gustaba era la comida blanda: puré de patatas, pan blanco blando y los rellenos. ¡Y las comidas que además de blandas eran dulces eran las que le gustaban más!

En silencio, David y yo lo mirábamos comer. De vez en cuando mirábamos a los residentes y a los auxiliares que recogían las bandejas que los residentes habían dejado.

Al acabar de comer, Mardig cogió una servilleta y cuidadosamente se limpió la boca. Con mucha delicadeza dobló la servilleta y la colocó sobre la bandeja. Yo le pasé un palillo de dientes, algo que siempre le gustaba usar después de las comidas. En las residencia se consideraba *contrabando* a estos palillos, porque los residentes se podían pinchar o dejárselos en un lugar inoportuno. Me miró a los ojos cuando le pasé el palillo. Lo cogió y lo usó rápidamente.

Luego lo puso al fondo de su bandeja. Se levantó, recogió su bandeja y se la pasó a una auxiliar, que le sonrío y le dio las gracias. Ella nos miró a nosotros y dijo: «Martin siempre lo hace», es decir, que recoge su bandeja y la acerca a las auxiliares.

Luego se volvió hacia nosotros y nos dijo, en el tono más cortés que pudo: «Bueno, ha sido un placer compartir la cena con vosotros. Gracias». Luego se dio la vuelta y se marchó. Caminó presuroso en dirección a la puerta de salida del comedor.

Yo seguí sentada, atónita. Estaba realmente sorprendida por lo ocurrido. Mi padre no tenía ni idea de quiénes éramos. Entonces, David y yo nos empezamos a reír. *¿Qué más podíamos hacer en una situación como ésta? Era verdaderamente cómico. Mi padre no tenía ni idea.*

Cuando Mardig se mudó a vivir a la residencia, se preocupaba mucho por el dinero. «No quiero comer. ¿Quién lo pagará?».

«Ya está pagado», le decíamos.

«¿Quién lo está pagando?», preguntaba, muy intrigado por saber quién lo pagaba.

A veces le decíamos: «Nosotros».

Como no quería molestarnos, siempre respondía: «Ya os lo devolveré».

Le decíamos que no había problema. Era Mardig quien realmente lo pagaba todo. Sin embargo, como no creía tener dinero suficiente, no queríamos que se preocupara. David y yo discutimos el tema y decidimos cambiar nuestra respuesta en el futuro.

«El gobierno se encarga de pagar esto», le dijimos la siguiente vez.

«¿De veras? ¿Y por qué está el gobierno pagando por mí?».

«Porque estás jubilado y éste es el beneficio que te dispensan».

¿Qué podía decir? Sí, es una mentira, pero su memoria está deteriorada. ¿Acaso lo importante no es hacerle sentir a gusto?

«Bien», dijo, en tono alegre.

A veces nos pide un dólar. En otras ocasiones, pregunta: «¿No tendréis algo de dinero?».

«Sí», respondo.

«¿Me das un poco?».

«¿Cuánto?», le pregunto.

«¿Cuánto tienes?».

Abro la cartera y le muestro los billetes de veinte y diez que hay dentro. Coge uno de diez y dice: «Gracias. Esto me da para un tiempo. Te lo devolveré», añade. Luego mete el dinero en el bolsillo izquierdo de su pantalón. Con el pasar de los meses, cada vez pedía menos dinero, por lo general monedas.

A medida que la situación de mi padre empeoraba, preguntaba más por Mamá y Papá. A veces Mamá era su madre, y otras su esposa (mi madre). Nos desconcertaba, pues simplemente preguntaba: «¿Vais a ir a ver a Mamá?». «¿Cómo está?». «¿Cómo le va a Papá?».

Unos meses antes, habíamos intentado ser sinceros y decirle toda la verdad. Le habíamos recordado que hacía muchos años que sus padres habían muerto. Esto lo deprimía. No sabía qué hacer con la información de que sus padres y su esposa ya no estaban en este mundo. A veces, David utilizaba la lógica. Le preguntaba a mi padre cuántos años tenía. Mardig normalmente adivinaba que estaba sobre los setenta u ochenta. David añadía que entonces sus padres deberían tener más de cien años si aún estaban vivos. Todos nos reíamos con esto, sabiendo que semejante longevidad era imposible en nuestra familia. Luego Mardig cambiaba de tema.

La siguiente vez que lo visitamos, nos hizo las mismas preguntas. Así que, un día, durante una reunión del grupo de apoyo, expuse la pregunta sobre la sinceridad. Al acabar la reunión, Jeanne, una de las participantes, que está cuidando de su madre, me llevó aparte y me pidió que reflexionara sobre el tema. Me dijo que, dados los continuos olvidos de mi padre, cada vez que yo le decía que sus padres y su esposa ya no vivían, le hacía revivir la pérdida otra vez. Me dijo que si lo pasaba mal mintiendo, simplemente relegara el comentario y pasara a compartir recuerdos agradables sobre la persona por quien él preguntaba. Le agradecí el consejo y le dije que lo intentaría.

Cuando Mardig volvió a hablar de Mamá, de mi madre, le pregunté si recordaba cómo solíamos preparar la comida para ir de picnic al lago los domingos. Sonrió y me dijo que no lo recordaba, pero que estaba sorprendido de que yo sí. Añadió: «Tú disfrutabas mucho de aquellos paseos, ¿verdad?». Asentí con la cabeza. ¡Había dado resultado!

Qué agradecida le estaba a Jeanne. Era difícil, porque nos gusta ser sinceros. Sí, pero siendo sinceros algunas veces podemos hacer daño a una persona que está enferma.

La pregunta sigue ahí. ¿Cuándo podemos decir la verdad y cuándo no?

Mientras sigo ordenando las cosas que traje de la casa de Mardig en Milwaukee, pienso en todas las notas que tomó, en los diarios que guardó para recordar. En algunos diarios incluso llegó a escribir: «Escribo todo esto para no olvidar». Incluso cuando vivía con nosotros, tomaba notas para tratar de entender su mundo. A veces, yo lo veía como una medida desesperada para aferrarse a la realidad.

Lo que realmente me hacía gracia eran sus cualidades metódicas. Un día que estaba limpiando su armario (en nuestra casa), me encontré con unos adornos de Halloween. Uno de ellos era una serpiente enroscada, de goma, que medía casi un metro. Había cogido cordel de embalar y había atado la serpiente para que no se pudiera desenroscar. Incluso se había tomado la molestia de anudar un tipo de lazo del que se pudiera tirar y desembalar fácilmente el adorno.

Al verlo, la memoria me devolvió a Milwaukee. Mientras limpiaba la mesa de su despacho e intentaba separar rápidamente las cosas importantes de las que no lo eran, descubrí algo extraño. La cinta de una cassette estaba enrollada a mano en el chasis vacío de una cinta de borrar de una máquina de escribir eléctrica. *¿Con qué propósito? ¿Por qué se habría molestado en enrollar cinta magnética de este modo?*

Todo tenía que ser envuelto, embalado y apartado. Y siempre decía: «Ya lo veré después».

En nuestra vida cotidiana, los pequeños momentos se escapan, sin que apenas lo notemos pues en ese momento parecen insignificantes. Es difícil saber qué guardar y qué no, a medida que reviso las cosas de mi padre. Trato de no deshacerme de todo, aunque no soy partidaria de ir almacenando cosas.

Tengo un enorme contenedor lleno de recuerdos sentimentales. Sin embargo, creo que cuando acumulamos demasiado, nos convertimos en esclavos de nuestras posesiones. Mis padres son un ejemplo. Es una lucha continua. ¿Cómo saber hoy el significado que algo tendrá en el futuro? Quizás un día llegue a experimentar algo en mi vida que me de otra perspectiva de la manera de ser de mi padre.

Al ir clasificando todos los papeles de mi padre —la mayoría, inservibles—, hice algunos descubrimientos:

Descubrí que durante algún tiempo, pasados los treinta años, Mardig firmaba *M. Avadian:* la inicial de su nombre seguida de su apellido. ¡Qué coincidencia! Hace casi una década yo firmaba del mismo modo. La creciente cantidad de documentos que debía firmar me llevó firmar así. La muñeca se me cansaba y se me ocurrió que reduciendo mi nombre en la firma, no la forzaría demasiado. Fue una sorpresa ver que Mardig también abrevió su nombre al firmar a la misma edad que yo. Pasados los cuarenta años, volvió a firmar con su nombre completo. Me pregunto si yo haré lo mismo.

Mardig era un hombre lógico y racional. Archivaba todo meticulosamente y me alegro de tener sus libros de registro. Guardó las facturas de mi nacimiento. Traerme al mundo en 1959 costó 150 dólares. Archivó todo lo referente a la varicela que tuve. Quizás los 40° de fiebre que rocé dañó alguno de mis nervios y ése sea el motivo de mi incapacidad para oír por mi oído izquierdo.

En sus últimos años, Mardig intentó mantenerse al corriente de sus finanzas y guardó registros de las cartas que escribió a diversos bancos, a Hacienda y a sus abogados en un intento por recuperar dinero que se le debía. Esta costumbre de archivarlo todo la inició muchos años antes. Los registros que guardó muestran que seguía una estrategia conservadora en sus inversiones, pues todas ellas eran de bajo riesgo. Como prefería los bonos de ahorro y los fondos del tesoro, en los años ochenta rechazó mi sugerencia de que invirtiera en los mercados de acciones y opciones. Sin embargo, cuando tenía treinta y tantos años, había adquirido acciones de varias compañías. Pero no sé cómo le fue con aquellas primeras inversiones.

El *no va más* apareció mientras revisaba un archivo de documentos titulado: Registro de acciones fitch, Abril de 1943, Harris, Upham & Company. Este registro contenía los precios de las acciones durante la Gran Depresión. Sorprendentemente, las de AT&T cayeron desde un máximo de 310,25 dólares en 1929 a 70,25 dólares en 1942. Lo mismo había ocurrido con el valor de las acciones de General Electric, que bajaron de 100,75 dólares ¡a 8,50! E IBM, ¡de 255 dólares a 52,50! Considerando todas las divisiones que de estas acciones se hicieron en los más de cincuenta años transcurridos desde entonces, no puedo imaginar cuánto valdrían hoy en día. Había un registro de bienes en este archivo. A la sazón los metales preciosos no cotizaban en Bolsa. Pero la pimienta negra sí cotizaba en 1942. ¡Qué tesoro!

Estos son los momentos en que me regocijo pensando en mi padre. Después de todo, son las pequeñas cosas las que constituyen recuerdos imperecederos.

Epílogo

Mientras escribo esto, Mardig prosigue con su vida en la residencia.

Celebramos su ochenta y ocho cumpleaños en agosto. Sigue prescindiendo de medicamentos y se mantiene en un peso estable, entre 53 y 55 kilos. Ahora va mucho más despacio y está más desorientado, pero sigue coqueteando con las auxiliares.

Ya no nos reconoce ni a David ni a mí. Cuando vamos a visitarle, pasa por nuestro lado como si no nos conociera. Cuando comentamos esto con otras personas, nos dicen lo difícil que esto debe ser para nosotros. No puedo explicarlo, pero no es así. Intentamos aceptar a Mardig tal como es. Por supuesto, preferiríamos que nos reconociera y nos llamara por nuestros nombres, como lo hizo una tarde, en un momento de lucidez repentina. Se estaba alejando de nosotros cuando, súbitamente, se dio la vuelta y, mirándome, me dijo: «Eh, Brenda, ¿quién era esa persona que se iba a encargar de...?». Me quedé atónita, porque en los tres meses anteriores no tenía idea de quién era yo y mucho menos de que fuera mujer. Y en ese único momento, me llamó por mi nombre sabiendo que era su hija.

La mayoría de las veces no podemos entablar una conversación con sentido. Le preguntamos cómo le ha ido el día, por sus hijos, su esposa, su trabajo en General Electric. Nos responde con algo distinto: está reparando el coche o esperando a gente imaginaria. Incluso nos pregunta si ese día hemos visto a Mamá y Papá (sus padres).

Me hace feliz que siga con nosotros en esta Tierra. No creí que sobreviviera más allá de marzo de 1998. Pero lo hizo. A este paso, estoy segura de que llegará al año 2000. Para mí, es mejor disfrutar de él con lo que su cerebro dé de sí, que no tenerlo. Él aún no está preparado para morir, y yo aún no estoy preparada para verlo marchar. Cuando llegue el momento, será nuestro nuevo desafío.

Martin Avadian en Isla Catalina. Marzo de 1997.

Apéndice I
Diez sugerencias para cuidadores

1. Divide las tareas en partes simples.
2. Comunícate con la gente que tiene Alzheimer de acuerdo al nivel o ánimo en el que se encuentra.
3. Utiliza el contacto visual cuando le hables.
4. Responde a cada pregunta que repita constantemente como si fuera la primera vez que la formula.
5. Por extraños que sean sus actos, o por muy insultantes que te resulten, recuerda, especialmente en las últimas fases, que ya no son responsables de sus actos ni de sus palabras.
6. No está mal sentirse frustrado e incluso furioso. Asegúrate de hallar la forma adecuada de desahogar tus sentimientos, por ejemplo, dando un paseo o llamando a un amigo.
7. Busca el apoyo o la ayuda de otros. Asiste con regularidad a las reuniones de un grupo de apoyo: otras personas están pasando por lo mismo que tú (sentimientos de culpa, ansiedad, frustración, incertidumbre, depresión, desamparo). Las asociaciones de Alzheimer de tu zona te informarán sobre los grupos de apoyo que haya en los alrededores. Si no los hubiera, considera la posibilidad de crear uno.
8. Cuidate. Descansa un poco. Establece los límites dentro de los que te puedes manejar. ¡No seas un/a mártir! (Es más fácil decir esto que hacerlo). Si no estás bien, no podrás cuidar de otra persona. Analiza tus opciones: centros de día para adultos, cuidado en el propio hogar, en residencias-hogar, en residencias especializadas.
9. Sonríe, abraza y besa, si fuera conveniente.
10. Busca asesoramiento profesional adecuado: legal, financiero y sanitario.

Apéndice 2
Para más información

Fundación Alzheimer España
Tel: 91 344 03 94
Tel: 91 344 18 30

**Confederación Española de familiares
de enfermos de Alzheimer y otras demencias**
Tel: 948 17 79 07 / 948 17 45 17
alzheimer@cin.es
www.ceafa.orq

Bibliografía

1. Adroher Biosca, Salomé: *Mayores y familia* (2000) Instituto Universitario de la familia. IMSERSO.

2. Bermejo, Félix: *Aspectos sociales y familiares del paciente con demencia* (1997). Ed. Díaz de Santos.

3. *En casa tenemos un enfermo de Alzheimer* (1994). Federación española de Asociaciones de familiares de enfermos de Alzheimer.

4. Flórez Lozano, José Antonio: *Enfermedad de Alzheimer. Aspectos psicosociales* (1996). Edika Med.

5. Guillemard, Anne Marie: *Análisis de las políticas de vejez en Europa* (1992) INSERSO.

6. *Hablemos de la enfermedad de Alzheimer* (1997). Colección Hablemos de... Ed. ACV y Pfizer.

7. Ochoa, Elena F.L.: *Enfermedad de Alzheimer* (1996). Aguilar - Santillana.

8. Pascual y Barlés, Guillermo: *Guía para el cuidador de pacientes con demencia tipo Alzheimer* (1999). Editorial Certeza. Zaragoza.

9. Ruiz-Adame Reina, Manuel; Portillo Escalera, Mª del Carmen: *Alzheimer. Guía para cuidadores y profesionales de atención primaria* (1996). Junta de Andaluz, Consejo de Salud.

10. Raye Lynne Dippel, J. Thomas Hutton: *Asistencia y cuidado del paciente de Alzheimer. Guía Práctica.* (2002). Ediciones Témpora.

11. Selmès, Jacques; Selmès, Micheline Antoine: *Vivir con la enfermedad de Alzheimer. Guía práctica para los cuidadores...*(1996). Ed. Meditor.

12. Sing Khaba, Drama: *Rejuvenece tu cerebro* (1997). Ed. Uranio.

13. Thomas y Col, P. : *Enfermedad de Alzheimer* (1990). Ed. Masson.

Agradecimientos

Como en toda empresa que merece la pena, muchas personas han contribuido a la elaboración de este libro.

Los siguientes revisores (en orden alfabético) fueron los primeros en examinar este libro: Patti Compton, Katie Corbett, Lois Erisey Poole, David y Jan Ferguson, Sally y Ken Howard, Jeanne Parsons, Jonathan Schulkin y Roberta Widmer. Mi agradecimiento especial a Lois, quien no sólo hizo marcas en todo el manuscrito original, salvo en siete páginas, sino que se sentó conmigo unas cuantas horas para discutir sus comentarios en detalle. Lois también me animó a incluir la sección «Diez sugerencias» al final del libro.

Gracias a todos los cuidadores que recibieron nuestra lista inicial de «Diez sugerencias» y fueron los primeros en enviar las suyas: Pat Adams, Patti Compton, Paul F. Harmon, Helen Jones, Marina McCarthy y Jonathan Schulkin.

Gracias especiales al Grupo de Apoyo de Cuidado Diario de Adultos VNA en Antelope Valley, con quienes mantuve un intercambio continuo de opiniones a lo largo de la elaboración del libro.

Mi agradecimiento especial a los miembros de la Red de Mujeres Escritoras del Condado Norte de Los Ángeles, quienes propusieron el título del libro y cuyas continuas sugerencias fueron siempre bien recibidas.

Agradecimientos especiales a Reuben Cano y Steve Masser, quienes diseñaron nuestros sitios de Internet para dar a conocer entre los cuidadores la existencia de este libro.

Gracias especiales al Centro de Investigación y Análisis Geriátrico del Hospital de la Comunidad de Granada Hills por sus consejos y apoyo durante la última fase de este libro.

Agradecimientos especiales a Joel Roberts, cuyo taller *Excelencia en las Comunicaciones* me dio la voz con la que compartir mis pensamientos más íntimos.

Agradezco a las siguientes personas (en orden alfabético), que encontraron tiempo en su apretada agenda para darme consejos oportunos: Lou Bozigian, Ann Harris, Betty Klingkamer y Bill Muntanen.

Mi especial agradecimiento a Lew Jurey, que dedicó horas de su sueño y de sus fines de semana a editar el manuscrito y a aconsejarme sobre la sobrecubierta, la fotografía y la diagramación. Lew hizo también de modelo para la sobrecubierta.

Agradezco al equipo del grupo Jenkins, que coordinó la prepublicación (Jerrold Jenkins, Susan Howard, Theresa Nelson, Alex Moore y Nikki Stahl). Gracias muy especiales a Mary Jo Zazueta, editora extraordinaria, que debe haber gastado más de un lápiz rojo en este manuscrito y cuya destreza en el diseño otorga a este libro su calidez y atractivo. También agradezco en especial a Eric Norton, cuya idea de sobrecubierta está a la altura del contenido y transmite mi profunda pasión por este libro.

Agradecimientos especiales a Jack Canfield, Marc Victor Hansen, Dan Poynter y Dottie Walters, cuyas ideas durante el taller *Cómo construir tu propio imperio de Lenguaje & Escritura* reforzó mi entusiasmo y me dio la orientación a seguir.

Finalmente, gracias muy especiales a David Borden, mi marido y compañero durante veintiún años, sin quien yo no habría emprendido esta travesía de cuidadora ni habría terminado este libro.

Índice

TERCERA PARTE: *Inmersión en la incertidumbre*

CUARTA PARTE: *Memorias*